促进恢复
促进训练
强化耐力
提高供能
强度
表现
增肌
预防伤病
减脂
塑形瘦身
运动补剂
【法】弗雷德里克·德拉威尔 【法】米歇尔·甘地 著
尹承昊 译
山东科学技术出版社

图书在版编目（CIP）数据

运动补剂 /（法）德拉威尔，（法）甘地著；尹承昊译. —济南：山东科学技术出版社，2021.1

ISBN 978-7-5723-0763-8

Ⅰ. ①运… Ⅱ. ①德… ②甘… ③尹… Ⅲ. ①体育卫生—营养学 Ⅳ. ①G804.32

中国版本图书馆CIP数据核字（2020）第250354号

运动补剂

YUNDONG BUJI

责任编辑：王兆阳
装帧设计：侯 宇

主管单位：山东出版传媒股份有限公司
出 版 者：山东科学技术出版社
地址：济南市市中区英雄山路189号
邮编：250002 电话：（0531）82098088
网址：www.lkj.com.cn
电子邮件：sdkj@sdcbcm.com
发 行 者：山东科学技术出版社
地址：济南市市中区英雄山路189号
邮编：250002 电话：（0531）82098071
印 刷 者：山东彩峰印刷股份有限公司
地址：潍坊市福寿西街99号
邮编：261031 电话：（0536）8216157

规格：16开（185mm × 245mm）
印张：16.25
版次：2021年1月第1版 2021年1月第1次印刷
定价：148.00元

前言

为什么本书会更新？

原因之一是营养补剂市场在不断变化，但与我们的相关发现或者希望相比并不快。另外一个原因，便是厂商为了应对竞争而将市场导向一些尚未被证明有效的补剂。

除了价格竞争外，相关产品最大的竞争点往往在口味而不是作用，特别是蛋白粉、训练前补剂、BCAA和能量棒。这导致大家的注意力都集中在了口味上而忽略了对原材料品质的要求。很多厂商用特殊的口味来掩盖品质较低的原材料，消费者也主要根据各自的口味选择购买。

如果网络销售也卷入价格战，那么补剂的质量和效果会被进一步忽视，优质运动营养补剂远远无法与那些刻意夸大的宣传、口感并采用较低价格的产品相比。

在前一版《运动补剂》中，我们提到过运动补剂的使用在运动中是很普遍的。统计表明，高水平运动员是最大消费人群。例如，对参加亚特兰大奥运会的加拿大运动员的研究标明，69%的人使用过运动营养补剂。这个数字在悉尼奥运会时提高到74%（Huang，2006），可能在近几届奥运会这个数字还会继续增加。很多国家的统计表明，几乎100%的高水平运动员在2019年都会使用运动营养补剂（Garthe，2018；Wardenaar，2017；Solheim，2017；Sato，2015）。

这种改变也在运动营养补剂的使用中得到了体现：与之前只补充一种或两种补剂不同，由于有有力的证据证明运动员可以从运动补剂中获得帮助，如今的运动员倾向每天补充10～20种补剂。随着运动员对运动成绩和身体素质要求的越来越高，关于运动补剂的研究越来越多。使用运动补剂是一种针对特定运动员个人需求的个体化营养补充方式。如果不注意对营养的补充，他们很容易严重缺少某类或某些类营养物质（Wardenaar，2017b）。

运动营养补剂同样受许多业余体育爱好者的关注，不幸的是他们经常存在对运动补剂功能的错误认识，因为他们不像职业运动员一样可以得到专业的营养顾问的帮助。

不同运动员使用运动补剂的出发点也不同。例如，对于年轻运动员而言，他们更希望的是提高运动成绩；而对于年纪较大的运动员而言，他们则更希望保持身体健康（Striegel，2006）。

科学研究的激增

近些年出现了很多关于运动营养补剂作用机制的新的分子科学研究，第三版《运动补剂》吸收了这些研究成果。事实上，找到一种可以对运动员有真正帮助的新的运动补剂并不容易。另外，有新现象反映出某些物质原来不为人知的新作用。例如，胶原类补剂在20世纪70年代被用作瘦身类补剂，但是目前更多被用于缓解关节和肌腱的疼痛（或帮助年长的、没有训练习惯的人消除皱纹）。这对于运动员选择运动补剂是十分有帮助的。我们在对食物营养进行研究时，会发现有相当多的地方存在争议，仅有部分运动补剂的作用可以被科学研究证实。同样存在一些作用尚未完全明确的运动补剂。我们会尝试去使用各种饮品、胶囊类、粉状补剂，来判断到底哪些适合我们的目标、哪些与我们的目标不相符。

服务于运动员的科学研究

为此，我们将主要依靠那些已经公开发表的科学研究，它们对于运动补剂市场的发展起着重要的作用。即使某些运动补剂有强有力的科学研究证据支持，在使用时也要多加留意，因为很多研究中被检测者数量相对有限，并且研究持续时间也较短，尤其是有些研究还是其补剂销售商或生产商的赞助，这些都会导致相关科研成果存疑。近年来，有越来越多的科学研究证实某些运动补剂的无效。同时，我们发现也有许多运动补剂，仅凭动物实验或宣称含有某些“古老传统”物质，未经人体实验即在市场上销售。

一些机构也会赞助有关航天员的科学研究，如观察某些运动补剂是否会减少航天员在太空中骨质的流失。军人也是众多科学研究中被检测人群之一。与运动员一样，他们也是运动补剂的重要消费人群之一。例如，Navy SEALs的研究指出，78%被调查的军人有规律使用运动补剂的习惯（Goforth，1998）。他们使用运动补剂的目的与运动员类似，50%的人是为了增长肌肉围度，增加肌肉力量及爆发力。此外，还有补充能量和改善身体健康状态的需求。

是否是兴奋剂?

有人认为运动补剂的使用方式与兴奋剂相似。对此，我们需要首先明确什么是兴奋剂。兴奋剂的定义十分简单：可以提升运动表现力的激素或者类似激

运动补剂在军人中广泛使用

素作用的物质。而运动补剂并不包含激素，其成分是可以在日常食物中发现并提纯的。在某些特殊情况下，运动补剂与兴奋剂的划分也并非十分清晰。

如何根据自己的需求做出正确选择

首先需要确定的是运动项目对身体素质（如耐力、力量、速度……）的要求，然后根据这些判断限制运动能力提高的原因（如缺少耐力、缺少力量、缺少爆发力……）。当上述这些问题的答案明确后，便可以很轻松地做出判断，选择合适的运动补剂。

如何正确使用运动补剂?

确定运动补剂类型后，我们还需要学会正确使用运动补剂。不建议突然大幅度调整饮食结构，或者加入大量的运动补剂，这种改变应相对谨慎并且逐步进行。

此外，使用运动补剂的时间也是发挥运动补剂功效的一个关键因素。例如，为了更好地恢复能量并促进肌肉修复，相关补剂需要在训练结束后立刻服用。如果在训练结束后间隔较长的时间使用，则运动补剂的效果便会减弱。

认识的局限性

科学研究并不能回答运动员提出的所有问题，如运动补剂的最佳使用周期等，很多时候，运动员需要根据自己的情况进行判断。当一种运动补剂持续起到正面效果时，我们没有理由停止使用。但是，如果它的效果受限或者运动员停止训练，那么继续使用运动补剂则是没有意义的。此外，运动补剂的价格也是我们需要考虑的一个方面。

目 录

第二章　增肌与增力类补剂

第三章　维生素、矿物质、抗氧化剂、必要脂肪酸以及绿色食物

第四章　植物与适应原

第五章　保护类补剂

第六章　减脂类补剂

第一章

耐力型补剂

对于适用于健身运动的耐力型补剂，需要关注以下三大问题：

- 避免身体出现严重的脱水现象。
- 即刻提升运动表现力。
- 促进身体恢复。

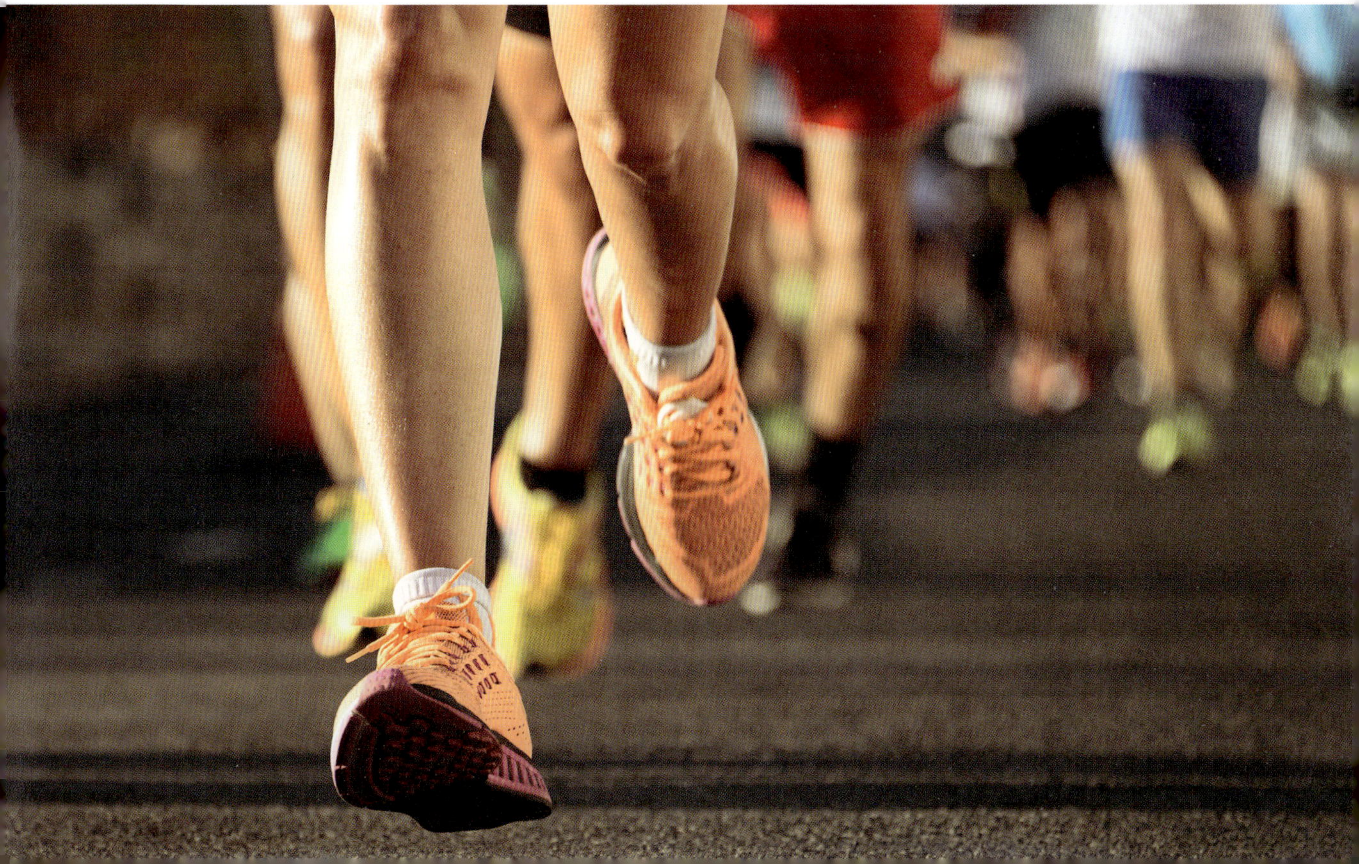

脱水现象

训练强度越高，运动员对热量的消耗也就越大，而热量消耗主要是通过出汗的方式进行的。一名运动员会在一个小时的高强度训练中很轻松地就排出1升汗水，在一些极度剧烈的运动中，甚至会在一个小时排出3升汗水。

> ▶ **注意！**
>
> 脱水现象=无意义的疲劳

如果运动员在运动过程中出现脱水的现象，那么它的影响是即刻的，不仅会使运动表现力下降，同时还会对身体健康造成巨大影响。人体的60%是由水组成的，并且没有任何可以大量储水的组织，所以一旦流汗，人体便容易出现水含量的下降。这与人体脂肪等可以储存能量呈鲜明的对比。

脱水会导致血浆容量的下降（水是血液的一部分）。当缺少足够的血液时，每次心脏跳动的效率会大幅度降低，心脏被迫跳得更快。肌肉中的血液变少，导致肌肉氧气含量降低，身体代谢的能力也降低。肌肉代谢和活动是需要氧气的，如果肌肉在氧气较低的环境中工作，那么它的效率也会下降。同时，人的体温会因代谢能力较差而上升，这些因素都会导致人体快速出现疲劳感，甚至会使体重下降近2%。

高水平运动员的血浆容量比一般人要多20%～30%，这意味着他们更需要使用运动补剂以预防脱水。Laursen在2006年指出，高水平的铁人三项运动员在运动后会丢失约3%的体重。健身爱好者更需要密切注意避免脱水，因为他们并不像高水平运动员那样有较好的预防脱水的能力。

水含量和补水

注意补水

很多动物具有极强的补水能力，如骆驼，而人类并不会太多关注补水问题，可能会导致我们在补水时只会补充约实际缺水量一半的水。

从理论上来说，运动员一定要及时补充自己身体所欠缺的水分，以便使自己拥有一个更好的运动状态。但是在实际运动中，这种现象是十分少见的。例如，运动员在一小时的运动中流失了1升的水，但很少有运动员会在休息的时候补充超过0.5升的水。实际上，很多运动员只会一小时补充200～300毫升的水，这个量完全在我们身体可以吸收的最大量之内；但是如果一小时之内摄入水超过800毫升，则会增加我们身体吸收的负担。

与骆驼相反，人类并不知道如何正确补水

确定你身体的水含量

运动员需要根据下面五个问题来判断自己身体的实际缺水情况：

▶ 是否在运动中出现呼吸次数变多的趋势。

▶ 简单尝一下汗水看看是否比较咸。如果是的话，那么便意味着身体极有可能出现缺钠的情况。

▶ 休息时称一下自己的体重，观察一下这个数字与自己运动前的数字有什么变化。需要注意的是，不要忘记在训练中你所补充的水也要加入体重中去。如果你的体重流失超过2%或对于男性来讲水流失在1.5～2千克，那么你身体的水含量应该已经明显降低。

▶ 尿液的颜色也是一个重要的判断标准。尿液颜色较浅意味着身体水含量正常或接近正常；相反，则意味着我们需要进行补水（Kovacs，1999）。

▶ 科学研究表明，在早上进行训练会比在下午进行训练更容易发生脱水。

▶ **注意！**

身体水分含量充足=优秀运动表现力

运动时身体含水量的重要性在今天已经是人所共知，但是，在20世纪70年代，很多人却认为在运动时补充水分是不好的。随着科学研究的深入，人们发现在运动时及时补充水分，特别是在天气较为炎热时补水是十分有必要的。

Below曾经在1995年做过一个实验，运动员在31℃的环境下进行运动，用最大摄氧量的80%持续进行50分钟的骑行练习，其中一组运动员可以大量喝水，而另外一组运动员只能补充200毫升水。结果表明，第一组运动员比第二组运动员的速度快了约6%。

McConell在1997年同样做过一个实验，在21℃的环境中，运动员用最大摄氧量的69%进行2小时的骑行练习并尽可能地进行更长时间的练习，一组运动员可以在运动过程中补充自己身体流失的水分，而另一组运动员不补充水分。结果表明，第一组运动员比第二组运动员的运动时间延长了2分30秒。

Hargreaves在1996年进行了一项研究，在20℃的环境中用67%最大摄氧量进行2小时骑行训练，两组运动员一组可以补充水分，另外一组不补充水分。补充水分一组的运动员心跳速度基本正常，体温没有明显升高，对肌糖原的使用降低了16%，血液中的乳酸量也在逐渐降低。这些差异说明了身体水含量充足在运动中的重要性，以及对保持较好的运动表现力的意义。

Cleary在2005年指出，肌肉的分解代谢在身体处于脱水状态时会更加剧烈，不仅会导致机体运动能力大幅度下降，同时还会延长机体恢复的时间。本书第五章中会列举一些脱水对身体健康的严重危害。

水含量和钠含量

注意钠的流失

流出的汗水并不是只有水，它同时还富含钠元素。钠元素在肌肉收缩的过程中是必不可少的矿物质之一。研究表明，水平越高的运动员，其汗水中的钠含量越低，这是身体的一种保护机制。我们要限制钠的流失在每升汗水1～4克之间。例如，Maughan在2004年的研究表明，在24～29℃的环境下进行足球比赛，运动员会流失2升的汗水，其中钠含量在6克左右；即使在温度较低的环境中，如5℃，钠的流失也会超过4克，而汗水的流失会适当提高0.5升，部分运动员会流失3升汗水。因此，脱水并不是只在较高温度下才会出现的。

Sharp在2006年指出，对于持续时间较短的运动，钠缺失并不会导致特别严重的身体健康问题；但是当运动时间在4小时以上时，运动员身体钠元素缺失较多，如果不注意补充水分，便会导致比较严重的身体健康问题。

补充水分并不能及时补充排尿和流汗造成的钠元素的缺失。水是低渗的（矿物质含量浓度低于血液），渗透压较低。含钠等渗溶液的渗透压在

对于运动员来说，钠是一种十分必要的营养元素

290～300毫渗摩尔每升，与血浆中相似。当液体渗透压高于此浓度的渗透压时，我们将其称为高渗溶液。

当人体钠含量降低时，最容易产生的副作用便是让我们不会感到口渴，这也是很多运动员在明显缺水时自己却无法及时察觉的原因。对此，我们除了要补充充足的水分外，还需要立即补充钠，否则对身体健康有害。

钠元素与耐力

Weschler在2006年进行了一项有关缺水和缺钠的研究，让一些耐力较强的运动员在34℃的环境下用55%最大摄氧量进行3小时的骑行练习。在这个过程中，他们会补充与身体排出汗水量相同的水分，其中一组所补充的溶液中钠含量充足（1升水有1克钠），而另一组所补充的溶液中则几乎没有钠元素。没有钠元素的一组出现了4名运动员无法完成训练要求的现象，并且速度仅为补液钠含量充足组的40%。

Weschler认为，血液中钠含量降低会同时导致机体耐力降低，在这种情况下补充水分的意义不大，因为水中的钠含量不高。补充钠元素对于提升机体的耐力水平是十分有帮助的，特别是在较热的环境下。

补充多少钠元素才合适呢?

在运动时，我们推荐应确保每升水或运动饮料含1.7～2.9克的钠。具体选择可以根据每个人自身的情况进行判断，钠含量较高会导致水或运动饮料的味道变得让人难以接受，特别是在运动时更为明显。

我们并不推荐直接补充盐块，它并不容易被身体直接吸收，并且在补水时摄入大量的盐容易加速钾自尿液排出（Shirreffs，1998）。过量的钠元素摄入并不会起到预防脱水的作用，反而容易导致脱水现象的出现，因为高渗饮料会加速机体细胞脱水。

喝什么

运动饮料的价值

运动饮料具有以下四大价值：

- 它可以防止血浆容量的下降。
- 它可以阻止体温的明显升高。
- 它可以为肌肉输送碳氢元素。
- 它可以延缓身体疲劳。

在另一方面，运动饮料还可以保护处于缺水状态的运动员，同时有助于提升他们的耐力水平。

Johnson在1998年指出，运动员在运动中处于缺水状态时急需补充水分，所以运动饮料制造商会在制作运动料时对口味进行处理，从而使运动员更爱喝，进而促进身体补充更多的水分，这是只补充水分所无法达到的。

例如，对于一些持续训练145分钟的运动员，补充比较甜的运动饮料相比单纯补充白水会多摄入水分的45%（Peacock，2012），这个差别证明了比较甜的运动饮料更受运动员欢迎，他们补充水分的愿望在喝运动饮料时要比喝白水时更强烈。并且这种现象在我们在缺水早期补充水分时表现得明显。运动员几乎对补充白水没有任何渴望，相反，他们却很乐意补充运动饮料。

注意糖分含量

适当增加6%的糖含量对于运动员在补水时更好地吸收水分有很大帮助。但如果超过这个浓度，那么便会降低补水的效果。这也是与补充能量的运动饮料相比，补水的运动饮料糖含量要低的原因。糖含量超过10%会大幅增加运动员的吸收难度。苏打水是我们在超市常见的饮料，它的糖含量在10%～12%，如果你选择在运动时补充苏打水，那么一定要记得加入一些白水进行稀释！

在挑选补水饮料时请一定要注意饮料瓶身上的营养含量表，糖含量在上面会被清楚标明。

从理论上来说，糖种类的选择应当集中在葡萄糖与麦芽糖之间，因为它们可以加速肠胃对水和糖的吸收。我们并没有选择补充蔗糖或果糖，因其效果与葡萄糖相同但价格却要贵许多。

所以我们可以很轻松地自制补水效果极佳的运动饮料，选择一小块糖、一点盐以及一小勺糖汁以便让味道更佳。一定要注意根据我们前面的介绍和自身的实际需求选择合适量的糖和盐。

预防脱水的措施

Mundel在2006年指出，运动饮料的温度对于运动员的生理影响要远远高于心理影响。特别是在35℃的环境下，运动员使用65%最大摄氧量进行长时间骑行练习时，与补充普通温度的运动饮料（19℃左右）相比，他们补充较凉的运动饮料（4℃左右）可以使耐力水平提升约12%。运动员在补充较凉的运动饮料时，补水能力会增强三分之一。

Flakoll在2004年根据对美国士兵长期在较热的环境下训练的观察发现，在训练结束后给士兵立刻补充安慰剂或10克蛋白质＋8克碳水化合物＋3克脂肪，并一直持续54天。每天的训练都包含长距离的训练和力量训练。

结果显示，使用10克蛋白质＋8克碳水化合物＋3克脂肪一组的士兵，他们受脱水影响的比例比安慰剂组士兵要少83%。专家认为导致这种区别的原因在于补剂的作用，服用补剂的一组士兵的身体可以在前一天晚上得到更好的恢复，使得他们在第二天训练时可以更好地避免脱水问题。安慰剂组士兵的恢复能力较差，因此在整个测试的每一天都会因疲劳累积受到脱水问题的持续影响。

过量补水原理

根据我们前面讲解的缺水对于运动员的不利影响，有的人认为解决身体缺水的一个较好的办法便是在运动开始前多补充一点水。但是，这会使水分大量集中在膀胱内，在几十分钟内就会让你感到很不舒服。

事实上，补水量与膀胱充盈的速度有直接关系：补水量越大，膀胱充盈的速度也就越快；即使身体已经处于脱水状态，膀胱充盈的速度也没有什么明显变化。正因如此，大量补水会导致已经处于脱水状态的运动员更容易缺水，他们刚刚补充的水来不及补充到缺水的机体，就已经进入膀胱要被排出体外了。

即使是在天气炎热的情况下，运动前大量喝水也不是一个很好的办法。如果我们想通过白水补充身体缺失的水分，那么我们需要补充身体流失水分的150%，以同时补充排尿造成的水分流失，但在运动中这几乎是不可能的。因此，我们需要想办法把水分和钠留在身体内，这也是为何有的运动员会选择补充甘油。

甘油的影响

为了减少排尿对水分流失的影响，科学研究者对甘油进行了研究，它可以短暂阻止肾排出水分，从而使得水分无法进入膀胱，将水分继续储藏在身体内。补充甘油所带来的补水效果要比单纯补充白水高出1倍。

Anderson在2001年指出，甘油短暂的储水效果对提升机体耐力水平有一定作用，特别是在天气较热的情况下更是如此。一些自行车运动员在35℃的环境

▶ 注意!

服用甘油前请一定确认自身是否有服用禁忌的情况（例如高血压）。

下进行90分钟的骑行练习，其中一组只补充白水，另外一组则补充白水和每千克体重1克的甘油。结果表明，服用甘油组运动员尿液排出量减少了25%。并且在测试中，服用甘油组运动员的心跳和体温都处于比较正常的状态，他们的耐力水平提升了5%。但是，并非所有研究表明甘油都是有积极作用的，它并非是解决脱水问题的“神奇补剂”，很多研究目前仅仅处于实验阶段。

如何使用甘油?

在之前的实验中，运动员选择根据每千克体重补充1克甘油的标准，将甘油与1.5升水混合。甘油是一种极甜的黏稠液体，喝起来口感并不是很好。如果运动员不习惯这个味道，会影响消化系统，严重的甚至还会导致头痛。

这种副作用也是为何有的实验并不能证明甘油有助于补水和提升机体耐力水平。我们建议运动员可以先从服用1～2勺甘油开始，在每次适应以后便在下次训练前加一勺，直到一次服用量达到每千克体重1克的标准。

▶ 注意!

甘油应当在极其容易引起脱水的气候条件下进行测试。

现在有很多粉状甘油制剂，其味道与液体甘油相比使人更容易接受。运动员也可以选择尝试使用粉状甘油。

糖分

糖分在耐力运动中扮演的角色

糖分是运动时的最主要能量来源，它供能的速度比脂肪供能更快。有的时候我们会有意识地选择摄入过多的糖分，以便储存能量。

不幸的是，机体的糖分储存有限，主要以肌糖原和肝糖原存在。当糖的摄入达到最大限度时，机体便会形成较多的脂肪。另外，因为脂肪的氧化作用减弱，所以当机体内的糖逐渐消耗完时，我们会感到严重的身体疲劳。

糖在肌肉恢复过程中同样扮演着十分重要的角色，对于保持肌肉的完整性具有重要作用。运动员的饮食应当富含糖分，并且在训练中也要注意对糖分的补充。

身体对糖分的需求量

每个人对糖分的需求量是不一样的。对于时间较短的耐力运动，如时间在1小时之内的，其强度较低，推荐每日按每千克体重5～7克补充糖。对于运动强度较高、持续运动时间在3小时以上的运动员，推荐每日按每千克体重7～10克补充糖。而对于强度极高、持续运动时间在4小时以上的运动员，推荐每日按每千克10～12克补充糖（Burke，2001）。

需要注意的是，上述的补充量并不是轻易就能够达到的。虽然最近10年中糖分的补充量一直在逐渐上升，但是与科学要求的数量还有一定的差距，特别是女性运动员，她们对于美的要求要高于男性。例如，对于女性运动员来讲，一般需要摄入糖每千克体重9克，但是她们实际摄入量往往低于每千克体重7克。

我们需要反思这些理论上的数字是否可以真正实现。首先，可以帮助运动员制定食谱，其次，这种饮食调整对于提升运动员的运动表现力是有帮助的。对于精英运动员来讲，适应自己并不习惯的饮食方式并不是很困难。

注意糖的质量！

从理论上来说，为了满足机体对糖分的需求，运动员可以直接吃糖果。但是，我们对糖分来源的选择并不能如此草率，不仅需要考虑它对运动表现力的提升，同时还要考虑它对身体健康的影响。我们在补充糖分时，除了要考虑补充量的问题，同时还要考虑糖的来源问题。糖主要分为两类，即单糖和多糖。其中，单糖消化速度较快，而多糖则消化较慢。目前，我们常用GI（血糖生成指数）值来划分这两种糖。我们可以进行一次检测，通过食物补充25～50克不同种类的糖，来观察血糖的变化。

我们在摄入一种食物后出现血糖明显升高的现象，一般是我们身体的消化吸收速度过快而导致的。高GI食物消化吸收速度快，血糖升高也就越明显，会导致胰岛素明显提高，又会使血糖水平突然降低；相反，低GI食物会适度并且持久地使血糖水平升高，血糖水平将随着时间的推移更稳定。

这种划分方式并不是完美的，主要原因如下：

- 检测使用的糖含量（25～50克）与运动员所需要摄入的糖含量并不相符。
- 对于大米而言，不同种类的大米对血糖的影响是不同的，这里种类的不同不仅仅指的是产地，也包括烹调方式。大米的GI值多在42～112之间。
- 我们很难一直只补充一种食物，如始终只选择吃大米。我们还会有很多种选择，如黄油、肉或蔬菜，它们对于血糖也会有一定的影响。例如，牛奶是强有力的促进胰岛素分泌的食物，补充牛奶便会直接改变谷物对血糖的影响。
- 食物的温度对于血糖也是有一定影响的。例如，我们吃温度较低的土豆，与吃一个热的土豆相比，我们的血糖会降低43%。

运动员需要清楚哪种糖分是自己更加需要的。

根据自己的需求选择不同种类的糖

科学研究表明，运动员需要根据自己的需求来选择补充不同的糖分来源。我们一般推荐在训练前补充低GI食物，在训练中或训练后则需要补充高GI食物（Siu，2004）。常见的运动饮料属于高GI食物，这也是为何我们要在训练中和训练后补充运动饮料。在训练结束几个小时后，我们便需要重新食用低GI食物。

如何补充肌糖原？

如果糖是耐力运动的“头号帮手”，那么在耐力水平与肌糖原之间一定是存在联系的。运动员补充肌糖原是比较简单的。

好的运动表现力来源于每一次训练结束后我们的身体快速、全面恢复，恢复速度越快、越全面，我们的运动表现力提升得越明显，在下一次训练时我们便会有更好的表现。这一切都是由于我们通过食物补充了大量的糖分和蛋白质而非脂肪。如果我们不注意对糖分进行补充，那么身体的恢复能力就会变得较差。

正常的肌糖原含量一般为每千克肌肉300～400毫摩尔，这意味着一个不训练的人会储存200～500克的糖原；而运动员的肌糖原则会超过400毫摩尔，高水平运动员必须达到最低500毫摩尔，多数在600毫摩尔以上；精英级运动员则会达到800毫摩尔，这相当于正常人的2倍，因此不难解释为何他们会拥有超乎常人的运动耐力。

Bergstrom在1967年指出，我们可以先清空身体的糖原储备，这可以通过较长时间减少对糖分的摄入以及较长时间的持续训练来实现。然后我们重新补充糖分，便会带来极其强烈的“反弹”效果。但是，这种策略在执行起来会有很多困难：首先它需要3～6天的时间，因此实施起来很麻烦；其次，运动员很难适应，在训练中缺少糖分的支撑会加速身体和精神的疲劳，使机体的恢复速度明显变慢。即使肌糖原可以重新得到补充，但是这对于运动表现力的提升也不会有明显帮助。

近期的科学研究表明，对于经常训练的运动员而言，预先控制自己的糖分摄入并不是必需的，并且对糖分的补充必须在24小时之内进行。我们有很多高效补充糖分的方法。

1. 预先补充法

运动员可以在训练前3个小时的时间补充200克糖，这可以使肌糖原水平提升11%（Chryssanthopoulos，2004）。

2. 24小时补充法

如果我们选择每天按每千克体重10克补充糖，那么我们的肌糖原水平会在24小时内提升2倍（Bussau，2002）。为了达到上述要求，运动员可以使用麦芽糊精类补剂。在这24小时内我们不应当进行任何额外的训练，将这种方法延长至48小时没有意义，因为肌糖原水平会在24小时内达到最大值。

3. 多日补充法

在不改变热量摄入的情况下，在4天内增加60%～75%的糖分摄入，这可以使耐力运动员的肌糖原水平提升23%（Tarnopolsky，2001）；热量摄入提高34%时，糖原水平会额外提高12%。

每天按每千克体重补充10克糖的运动员，每天2次训练，持续4周后，他们的肌糖原水平提高了65%（Simonsen，1991）。如果在这个基础上每天再增加每千克体重5克的糖分摄入，那么肌糖原水平会再提高10%到接近2 500毫摩尔。

运动员的不同反应

之前我们讲解的内容更加适用于男性运动员，对于女性运动员，这种方法对于其肌糖原的提升效果并不明显。当女性运动员糖分摄入增加60%～75%后，其肌糖原水平并没有发生明显的改变。

当热量摄入提高34%并且75%来源于糖分摄入时，女性运动员的肌糖原水平可以提升17%。

这种不同点证明：

- 女性吃得要比男性少一些。
- 因为激素关系，女性运动员在训练时会更多利用脂肪而不是糖分。
- 女性运动员的肌糖原水平高低并不是十分重要的。

但是，当肌糖原水平提高后，女性运动员的耐力水平也得到了提升。例如，在4天内高水平女性运动员利用自身80%的最大摄氧量进行骑行练习，当她们糖分摄入提高50%～80%后，其肌糖原水平提升了13%，使耐力水平提升了8.5%。

是否必须在训练前补充糖分

在训练前稍微补充一点糖分可以提升肌糖原和肝糖原水平，因为我们并不会在训练开始前将它们完全消化吸收，所以可以在较长的时间内持续能量供应。但是，长时间以来这种方法都未得到推荐，因其会使胰岛素水平升高，导致糖原利用率降低、脂肪利用率提高。这种现象也揭示了为何在训练前补充糖分会使运动表现力降低。例如，对于男性和女性运动员来讲，在使用最大摄氧量80%的骑行训练前补充75克的葡萄糖，会导致他们的耐力水平降低约19%（Foster，1979）。

新近研究表明，在运动前补充一定的糖分还是有好处的，但是在大部分研究中，运动员在运动前一晚都是不吃任何食物的。

在训练前3小时补充100克的糖（来自谷物和牛奶），自行车运动员用70%最大摄氧量可持续骑行136分钟，比空腹状态时只能骑行109分钟要高出不少（Schabort，1999）。

Godpaster在1996年提出，当高水平运动员在训练前30分钟补充75克糖时，他们可以在66%最大摄氧量下进行90分钟的练习。由此，他认为补充多糖可以使持续供能时间延长，不过并没有被科学研究证实。当运动员补充单糖时，其运动能力比使用安慰剂的运动员要高出7%。

对于女性运动员而言，在90分钟的骑行训练前补充75克的糖（来源于谷物并且富含纤维），与使用安慰剂相比，可以使运动表现力提升16%（Kirwan，1998）。

训练前补充运动饮料的价值

在训练前是否要补充含糖运动饮料，一直是很多人都在争论的。我们让运动员在63%最大摄氧量下进行120分钟的骑行练习，然后将其分为两组，一组运动员在训练前补充150克葡萄糖，而另外一组运动员只使用安慰剂。结果表明，他们的运动表现力并没有明显的差别。在训练前补充含糖的运动饮料效果远没有在训练中补充的好。或者你也可以试着在训练前和训练中都补充含糖运动饮料，但最好的方式还是在训练中补充。

Anantaraman在1995年指出，在训练前1小时内补充30克葡萄糖会使运动员的肌肉力量在最后20分钟再衰减9%。

当铁人三项运动员在4千米的游泳比赛开始前5～35分钟的时间内补充10%的葡萄糖时，运动表现力会得到一定的提高，但这一现象在10名受测运动员中的8名中被检测到（Smith，2002）。

在骑自行车运动中，在1小时的骑行练习前25分钟补充25克糖，会使运动员的运动表现力提升1.5%，8名被检测运动员中的6名表现这一现象。对于另外的运动员来讲，运动饮料与安慰剂的效果相同。

当天气比较炎热时，我们选取三组运动员进行15公里的长跑测试，并为他们在训练前1小时准备好不同的运动饮料：一组运动员补充

60克含糖和电解质的运动饮料，第二组运动员补充80克含糖和电解质的运动饮料，第三组运动员则只喝白水或安慰剂。结果表明，服用含糖运动饮料的两组运动员在前13.4千米没有出现任何运动表现力的变化，但是在最后1.6千米他们的运动表现力比只喝白水或安慰剂的运动员提高了5%，并且12名被检测的补充80克含糖运动饮料的运动员中有11名的运动表现力都得到了提高，而补充60克含糖运动饮料的12名运动员中只有8名的运动表现力得到了提高。

训练前和训练中同时补充糖分的价值

两组自行车骑行运动员在70%最大摄氧量下进行骑行练习直至力竭，一组在训练前3小时补充333克糖，而另一组只服用安慰剂。结果表明，第一组比第二组的骑行距离多了18%。

在另一项实验中，同样的两组运动员，一组在训练中的20分钟内补充175克糖，另一组只服用安慰剂。结果表明补充糖组的运动员的运动表现力提高了32%。在第三项实验，第一组运动员在训练前3小时补充333克糖并且在训练中同时补充175克糖，他们的运动表现力比只服用安慰剂的运动员提高了44%。这种差别在持续训练2小时40分钟后更明显，服用安慰剂的运动员很快出现了力竭现象，而在训练前和训练中都补充糖分的运动员的肌肉力量减缓速度则较慢。

两组长跑运动员在训练前3小时补充不同的食物，第一组补充180克高GI食物（如白面包、谷物、橙汁、糖、牛奶或火腿），第二组只服用安慰剂。两组运动员同时在70%最大摄氧量下进行力竭长跑训练（Chryssanthopoulos，2002），第一组运动员在训练中补充含糖量6.9%的运动饮料，而第二组则只补充水。结果表明第二组在进行102分钟的训练后便出现了明显的疲劳感，而第一组运动员则平均可以多进行23分钟的练习，证明在训练前和训练中同时补充糖分是十分有意义的。

总结

Burke在2001年的研究指出，运动员可以在训练前一刻钟（15分钟）按每千克体重1～4克补充糖分。但是，我们需要让身体逐渐适应这种补充方式，并且注意对食物的选择，否则会出现因消化吸收不良所导致的呕吐现象。低GI食物一般具有更多的纤维，它会延长消化吸收的时间，导致运动员在训练时还要进行消化吸收。

训练中对能量的补充

在训练中补充能量有以下四点作用：

- 摄入碳氢元素。
- 避免低血糖。
- 合理利用身体储存的糖原。
- 防止脱水现象。

肌糖原的减少和血糖降低是导致疲劳出现的两大最主要因素。当血糖降低时，身体对糖原的使用便会发生改变，糖的氧化速度会变为约每分钟1克。当我们进行较长时间的耐力训练时，这个速度会减慢（约为原来的一半）。如果我们在训练时摄入糖分，那么糖的利用速度会达到每分钟2克。

在训练时补充糖分会延缓身体疲劳的出现，我们可以试着每小时补充45克的糖并进行以下观察。

中级水平的长跑运动员在70%最大摄氧量下进行奔跑练习，其中的一组每20分钟补充含糖5.5%的运动饮料，另外一组只使用安慰剂。结果表明，使用运动饮料组的运动员可以奔跑132分钟，而使用安慰剂组的运动员只能奔跑104分钟。耐力水平的提高意味着补充糖分可使糖原消耗速度降低约24%。

Below在1995年的研究指出，在一小时的训练中补充79克糖可以使运动表现力提升6%。与仅补水200毫升和相应的碳水化合物相比，这种现象在大量补水时更明显。体内水和糖含量的提高，使得运动员的运动表现力提升了12%。

根据Nieman在2012年对于自行车运动员的研究，在训练时补充香蕉或运动饮料的效果类似。但是，部分运动员在摄入香蕉后容易出现消化差问题，这对提高运动表现力反而会产生相反作用。摄入运动饮料的运动员相对来讲会获得更好的运动成绩。

训练中补充糖分和疲劳感

部分研究表明，在训练中补充糖分会导致身体出现疲劳感，并且补充运动能量饮料对于提高运动表现力并没有明显帮助。这种情况主要是与我们的大脑有关，它对糖分的需要较高，当糖原含量降低时我们便不容易集中精力。如果我们的身体缺乏糖分，那么神经系统便会出现一系列严重问题。我们需要避免这种问题的出现，并且注意保持身体中的糖分含量。糖分可以延缓血清素的升高，后者使我们容易出现疲劳感。

糖分的充分利用

Carter在2004年发现了运动能量饮料的另外一个机理，他将一种没有任何味道的运动饮料给自行车运动员服用，饮料只在他们口内停留5秒便被要求吐出。结果发现，在1个小时的训练中他们的运动表现力提高了3%。嘴唇触碰到运动饮料就会告诉大脑能量已经到达，运动表现力的提升在训练的前45分钟时间内表现得十分明显。

这个发现可以证明以下两点：

▶ 对于无法忍受在运动时补充运动饮料的运动员，可以通过这种方法来提高运动表现力，尤其是那些糖分耐受的人。

▶ 对于其他人来讲，他们可以在饮用运动饮料时注意在口中多含几秒，这可以使运动饮料更快发挥作用。

糖分可以保护肌肉完整

当进行较长时间的训练时，机体的氨基酸也会作为能量的一部分进行消耗，这会导致肌肉的减少，同时还会导致血中氨和尿素水平的提升，这两者一个容易导致疲劳，另外一个则容易导致缺水。糖分除了可以提高运动表现力外，还可以使肌肉保持完整，并降低血中氨和尿素水平（Snow，2000）。如肌肉受影响较少，相应的，两次训练间肌肉水平恢复时间也变得更短。

训练中补充糖分的时机

科学研究表明，如果在训练开始30分钟后补充糖分的话，那么2个小时后会产生最大功效。糖分的补充与发挥功效之间的时间差，揭示了为何很多研究推荐在训练时尽早补充糖分。这与我们补充水分时的原理是一样的，如果你感觉到口渴再补充水分，多为时已晚。虽然再晚也好过不补充，但是我们完全可以避免这种情况的出现。

McConell在1996年做了一次实验，将自行车运动员分为三组，在70%最大摄氧量下进行2小时的骑行练习，并且在训练开始的15分钟内进行高强度练习。其中，第一组全程都可以补充含糖7%的运动饮料，第二组全程只使用安慰剂，第三组在前90分钟使用安慰剂，最后30分钟使用含糖21%的运动饮料。结果显示，第一组运动员的运动表现力提升了10%，8名运动员中的7名运动员都取得了自己最好的成绩。

逐渐适应运动能量饮料

在耐力运动中，我们的身体会使用以下三种能量来源：

- 糖分，使用便捷。
- 脂肪，当糖分较多时，脂肪氧化便会少一些。
- 若训练时间较长，身体会分解肌肉并用肌肉中的氨基酸进行供能，这是很糟糕的。

如果你从来没有在训练中使用过能量补剂，那么你的身体会比较习惯于利用脂肪产生的能量。当你首次服用能量补剂时，你的身体会出现一个能量的碰撞，这便解释了为何有的运动员在第一次服用补剂时无法感受到其作用。也正因如此，我们推荐在补充糖分时要选择循序渐进的方式，这不仅是为了更好地为身体补充能量，同时还有利于身体的消化吸收，充分发挥补剂的作用。

当我们的身体接受来自外部的能量时，我们的身体会停止对脂肪的利用，这会导致我们更加依赖糖分。对此，需要十分注意，否则会对运动表现力造成立刻的负面作用。

运动能量饮料的使用剂量

我们估计耐力型运动员每分钟会消耗1克葡萄糖，因此在1小时内补充超过60克以上的葡萄糖的作用并不是特别大。对于含糖量8%的饮料（我们推荐使用的含糖量最大值），每小时内最好服用750毫升。

对于使用补水饮料的运动员而言，他们可以根据自身的需求加入一定的糖、盐以及糖汁，但一定要注意避免含糖量超过8%。

我们建议在选择运动饮料时可以选择含糖种类丰富的，糖分来源的多样性可以帮助我们更好地吸收糖分。

总结

在训练中补水的概念是近期才提出来的，补充能量的概念则早在20世纪80年代便由运动能量饮料制造商所提出。不过，直到今天，对能量饮料在训练时是否有价值尚存争论。

很多争论其实与能量饮料并非在所有情况下都能够起到作用有关。例如，对于一些本身不太适应能量饮料的人（见第五章的内容），我们建议从极少的剂量开始服用，以便让身体可以逐渐适应。

训练中同时补充蛋白质与糖分的作用

越来越多的研究表明，在能量饮料中加入蛋白质会有更多的好处。

蛋白质可以：

- 阻止脑部中血清素升高，避免产生疲劳感。
- 与糖分一起，保持肌肉的完整性。
- 加速训练后糖原的恢复和蛋白质的合成。

1. 提升运动表现力

在能量饮料中加入蛋白质的第一个作用便是提升运动表现力。Ivy在2003年的实验中，选择部分自行车运动员在最大摄氧量45%～75%下进行3小时的骑行训练，随后在85%最大摄氧量下进行尽可能长时间的练习。他将运动员分为三组，每20分钟补充一定的水或饮料：第一组服用安慰剂，第二组补充7.75%含糖量的能量饮料，而第三组则补充含糖量7.75%和蛋白质含量1.94%的能量饮料。研究发现，第二组相比第一组的训练时间延长了7分钟，而第三组则比第一组延长了14分钟。

2. 保持肌肉完整

蛋白质不仅可以提升运动表现力，同时还可以保持肌肉完整。例如，Seifet在2005年的实验中，选取了三组高水平的滑雪运动员在训练前、中、后分别服用补剂或水：第一组服用糖＋蛋白质，第二组服用水，第三组什么都不服用。第一组在服用糖与蛋白质时共补充了98克糖、24克蛋白质以及1.6升水。

在3小时的训练结束后，服用蛋白质与糖组的运动员受到疲劳影响程度最小，第二组次之，第三组最严重。在肌肉分解代谢方面，第三组运动员的肌肉分解代谢达到了93%，第二组运动员为49%，提示喝水可以在某种程度上有助于保持肌肉的完整，特别是在天气较冷的时候（−2～−4℃）。而第一组运动员的肌肉则几乎完全为蛋白质和糖所保护。

3. 加速身体恢复

Saunders在2004年进行过一次实验，选取一些自行车运动员在75%最大摄氧量下进行骑行练习直到接近力竭，12～15小时后85%最大摄氧量下重复之前的练习。其中，第一组运动员补充糖分，第二组运动员补充糖分与蛋白质，他们在第一次训练中都是每10分钟补充1次，在第二次训练中则为每30分钟补充1次。第一组运动员补充的饮料含50克糖，第二组运动员补充的饮料含有同样的糖以及13克的乳清蛋白粉（见第二章）。第二组运动员的饮料相比第一组运动员的饮料要高52卡（1卡约为4.9焦）。

在第一次测试中，第二组运动员相比第一组运动员的骑行距离增加了29%。而在第二次测试中，第一组运动员的运动表现力提升了40%，第二组运动员的运动表现力则提升了83%。由此，我们可以得出一个结论，即同时补充糖与蛋白质不仅有助于提升运动表现力，同时还可以加速身体的恢复。

▶ 注意！

在能量饮料中加入过量的蛋白质不仅不会提升耐力水平，反而会降低耐力表现。建议在能量饮料中循序渐进地加入少量的蛋白质即可，同时注意避免饮料中含糖过多。

什么时候体重会变成负担?

一些运动员会通过降低体重的方式来提升自己的耐力水平，最明显的例子就是兰斯·阿姆斯特朗，他曾经为了提升自己的比赛成绩而减掉了6千克的体重。对于自行车运动员而言，每减掉5千克体重可能会使耐力水平提升约1%。在运动员中，这种现象比较常见。如果减少肌肉是你的目标，那么你便必须避免摄入蛋白质，因其会延缓肌肉流失的速度。

训练后的恢复策略

肌糖原的恢复速度是决定机体快速恢复的最重要因素（参见第五章，影响恢复速度的不同因素）。

肌糖原水平越快恢复正常，运动员便会越快恢复自己的运动表现力。在下一次训练前，肌糖原水平是否正常对于训练质量是十分重要的，对于一天进行多次训练的运动员尤其如此。运动员的身体恢复主要分为两大类：

- 短期恢复。
- 长期恢复。

短期恢复

如果在一天中进行多次的训练，那么运动员自身的恢复能力较弱，此时营养补剂所扮演的角色便十分重要了。Fallowfield在1995年对部分运动员（包括男性和女性）进行了一项研究，要求运动员在70%最大摄氧量下持续奔跑尽可能长的时间，并且在4个小时后重复练习。其中一组运动员服用安慰剂，另外一组运动员在第一次训练结束后直接服用含糖的能量饮料，根据每千克体重补充1克糖的摄入量原则，补充含糖量6.9%的饮料。结果表明，服用能量饮料的一组在第二次训练中可以持续奔跑62分钟，而使用安慰剂的一组则只能够奔跑40分钟。

影响身体恢复速度的最主要因素是身体对糖分的吸收速度，这也是为何我们要在训练结束后立刻补充糖分。此时，升糖速度较快的食物是我们的最优选择。能量饮料并不含有纤维，因此它的吸收速度较慢。此外，我们要避免摄入脂肪，它会拉长我们消化吸收的时间，同时阻止更多的糖分进入肌肉。

对于高水平运动员而言，大分子糖（如玉米）是越来越流行的选择，在训练结束后补充大分子糖可以使肌糖原恢复正常的速度提高2倍（Piehl Aulin，2000）。虽然食用起来比较麻烦，但它们对身体恢复速度十分重要。

不过，我们并不向初级健身爱好者推荐这种方法，建议他们还是应当将重点放在对糖分的补充上。这种方式运用不当的话，极其容易导致低血糖的出现。

我们也可以在能量饮料中加入氨基酸或蛋白质，同样有利于身体的恢复。一般来说，我们会选择80%的糖和20%的蛋白质。

长期恢复

在实际训练中，大部分运动员不会采用过高的训练频率，两次训练会间隔较长的时间。训练强度越高，身体恢复所需要的时间也就越长，身体恢复也会变得越困难。例如，对于高水平马拉松运动员而言，尽管他们补充糖分的比例高达每千克7克糖，但是比赛后他们的肌糖原水平会下降56%（Asp，1999），在随后的24小时内会恢复到59%，2天后会恢复到73%，7天后才可以恢复到赛前的肌糖原水平。

身体恢复的质量直接决定了运动员下次比赛的成绩。正因如此，在每次训练后运动员都要争取让身体尽快恢复。Ivy在1988年曾经做过这样一个实验，将含糖量为25%的能量饮料提供给自行车运动员服用，第一组在70分钟训练结束后立刻服用，第二组则在70分钟训练结束后2个小时再服用。

训练结束2个小时后立刻服用能量饮料的一组肌糖原恢复速度比第二组快3倍。在接下来的120分钟，第二组的肌糖原恢复速度也在加快，但是比不上第一组，第二组的肌糖原恢复速度比第一组要慢45%。

Ivy在1998年同样指出，补充糖分对于提高肌糖原恢复速度有量的限制。他观察了两组运动员同样进行2小时的训练，一组按照每千克体重1.5克补充糖，另外一组按照每千克体重3克补充糖。在训练结束2个小时以后，每千克体重补充3克糖组的运动员的肌糖原恢复速度并没有比另外一组快。

提高糖的利用率

提升身体原本肌糖原水平是十分重要的，简单补充糖分并不能够阻止训练后糖原的降低（Zehnder，2004）；如果它并不能阻止糖原降低，那么它对于糖原恢复速度的影响也不会特别大。我们需要通过别的方式使糖的利用率提高，这样才可以更好地促进身体恢复。

第一个办法便是尽可能频繁补充糖分。很多研究表明，在训练结束后2小时内持续补充糖分，如每30分钟补充一次糖，可以获得更好的效果，并且不会带来消化吸收的问题。训练结束后肌肉对糖的敏感期在3个小时左右，建议运动员可以在训练结束后30分钟内补充50～75克的糖，然后根据每千克体重补充1.2～1.5克糖的比例，在接下来的3小时中每小时补充一次。

▶注意!

对于每日抽一盒烟以上的人来讲，他们的糖原恢复速度是不吸烟人的1/3。但是，高水平运动员拥有较快的恢复糖原的能力，10周的耐力训练便可以提升吸烟者2倍的训练后肌糖原的恢复速度（Greiwe，1999）。

训练后补充糖＋蛋白质的作用

无论是需要短期恢复还是长期恢复的运动员，他们都需要寻找更加有效的恢复手段。近来的许多研究表明，在训练后补充糖＋蛋白质，比单纯补充糖分的恢复效果更好。

同时补充蛋白质和糖分会加快肌糖原的恢复，与单纯补充糖分相比，可以刺激胰岛素分泌得更多，从而提升糖进入肌肉的速度；同时，通过促进酶的作用，更好地储存糖原。这种酶的作用也是在蛋白质的控制之下产生的。

Williams在2003年指出，同时补充蛋白质与糖分可以显著加快能量恢复。

他将自行车运动员分成两组分别进行2个小时的训练，其中第一组只补充含糖饮料，第二组补充糖与蛋白质混合的饮料。饮料中的糖含量为106克（包括42克的碳水化合物），蛋白质含量为28克。这种组合方式使得第二组运动员比第一组运动员高17%，胰岛素水平提高了92%，肌糖原水平高出128%。在4小时后，两组运动员再次进行之前的训练，结果第一组运动员比第二组运动疲劳感多出55%。

1. 能量密度的角色

在Williams之前的研究中，与单纯补充糖分相比，同时补充蛋白质与糖分会带来更多的热量，提示能量密度是影响身体恢复速度的另外一个重要因素，特别是当训练时间较长时。Carrithers并不认同Williams的研究结果，特别是当两组运动员补充总热量几乎相同时。相反，Ivy支持Williams的研究结果。他通过研究发现，自行车运动员使用蛋白质＋糖的组合可使糖原水平在40分钟内恢复22%；而另外一组在总热量相同的情况下只补充糖分的运动员，同期糖原水平只恢复了11%；在2小时后，补充蛋白质与糖分的运动员糖原水平恢复了30%，而只补充糖的运动员则仅仅恢复了24%；在4小时后，这两组数值则分别变为47%与31%。

2. 蛋白质可以促进深度恢复

蛋白质的主要价值在于促进身体恢复以及修复训练造成的肌纤维损伤。事实上，也只有蛋白质可以直接修复多种肌纤维，包括平滑肌、骨骼肌以及心肌。糖在合成代谢中仅发挥辅助功能，而蛋白质则对保持肌肉完整和增肌作用明显（见第二章）。

Flakoll在2004年指出，为了获得蛋白质对肌肉的保护作用，每次必须补充至少10克蛋白质和8克碳水化合物。

蛋白粉是不是必不可少的?

Cade在1991年对高水平游泳运动员进行了6个月的观察。他们每次训练持续2小时，其中一组只补充水，而另外一组则补充含糖量为6%的能量饮料。研究结果发现，补充水的一组运动员肌肉分解代谢达到58%，而补充含糖能量饮料组的运动员分解代谢为47%。

随后，他将运动员们的整体训练强度提高了25%，并将其分为以下四组：

- 第一组：在训练前和训练中补充水，训练后补充含糖量16%的能量饮料。
- 第二组：在训练前和训练中补充水分，训练后补充含糖量16%的能量饮料和15克蛋白质。
- 第三组：在训练前、中、后补充糖分。
- 第四组：在训练前以及训练中补充糖分，训练后补充蛋白质。

第一组运动员的肌肉分解代谢为25%；相比之下，第二组和第三组运动员的肌肉分解代谢减少了12%，而第四组则减少了41%。因此，补充糖与蛋白质有助于保护肌肉。

Cade随后对奥运会级游泳运动员进行了研究，发现与单纯补充糖分相比，联合补充蛋白质和糖分可使运动员的身体恢复的速度加快一倍多。例如，联合补充蛋白质与糖分可使运动员在8小时内实现身体的恢复，但只补充糖分时则需要22小时。

谷氨酰胺的价值

在耐力训练结束后补充谷氨酰胺（见第二章），有助于肌糖原的恢复。Varnier认为，这种情况似乎发生在只使用谷氨酰胺的运动员身上。Bowtell认为，虽然谷氨酰胺是糖的前体，但是在能量饮料中加入8克谷氨酰胺并不能实现额外的肌肉保护作用。但是，谷氨酰胺对于肝糖原的储存有着明显的作用。在训练后补充谷氨酰胺，对于促进身体恢复是有一定作用的，有助于使运动员的身体重新充满能量。

糖分与超负荷训练

研究表明，随着高强度耐力训练的每日持续进行，运动员的肌糖原水平也在逐步降低，这种情况会导致其运动表现力的降低和疲劳感的增加。此时，我们需要对饮食结构进行调整，加大富含糖分的食物的摄入，从而减少糖原的降低。

例如，Halson在2004年对高水平自行车运动员进行检测，让他们连续8天进行高强度的超负荷训练，并在每次训练前、训练中以及训练后，按照每千克体重补充6.43克糖或者9.4克糖。

运动员们都在74%最大摄氧量下尽可能快速完成练习。在超负荷训练结束后，补充正常糖分的运动员的运动表现力降低了25%，而补充更多糖分的运动员的运动表现力则只下降了16%。在2周的正常训练后，补充更多糖分的运动员的运动表现力提高了10%，而补充正常糖分的运动员的运动表现力则比补充更多糖分的运动员要低13%左右。

虽然补充较多糖分的方法无法阻止超负荷训练所带来的不利影响，但是它可以将这个影响降到最低。并且，我们要注意能量并非决定恢复速度快慢的全部因素（见第五章），身体恢复速度快慢同样受肌纤维、关节（关节、肌腱以及韧带）、消化系统、神经系统、内分泌以及免疫系统等因素影响。即使一些研究表明能量有助于运动员进行高容量训练后的恢复，的确是不容忽视的，但并非是全部。

Manetta认为，超负荷训练会使我们的身体调整对糖分的使用。如高水平自行车运动员进行一个赛季的持续训练可以帮助他们在赛季的前半段具有极高的运动表现力；然后随着赛季逐渐进入末尾，会出现超负荷训练的情况，同时导致运动表现力下降。

富含脂肪的饮食结构

脂肪在耐力运动中扮演的角色

脂肪储存的能量比糖要多不少，理论上来说，在时间较长的训练中，利用脂肪比利用碳水化合物的好处要多。尽管我们希望更多地利用脂肪，但是在实际运动中实现起来却比较困难，很多运动员还是会优先利用糖。

但是，有一小部分运动员还是可以很高效地利用脂肪的，这主要同运动员自身的训练水平有主要关系。例如，对于高水平运动员而言，在50%最大摄氧量下进行练习时，脂肪供能比例可达44%；而对于水平较低的运动员来说，糖供能比约占33%。这种差别与运动员肌糖原以及肝糖原的水平不同有关。

例如，8名高水平的运动员分别采用富含糖和富含脂肪的饮食结构，其中5名使用富含糖饮食结构的运动员的运动表现力得到了轻微的提升，而剩下3名运动员的运动表现力则提升了11%。

初中级运动员无法从富含脂肪的饮食结构中获益。在训练水平相当的情况下，女性运动员相比男性运动员会更加适应这种饮食结构，她们的身体对于脂肪的使用更加自然。

对于脂肪氧化能力异常的人而言，选择富含糖分的饮食结构会产生明显的副作用。他们更加适合使用富含脂肪的饮食结构。

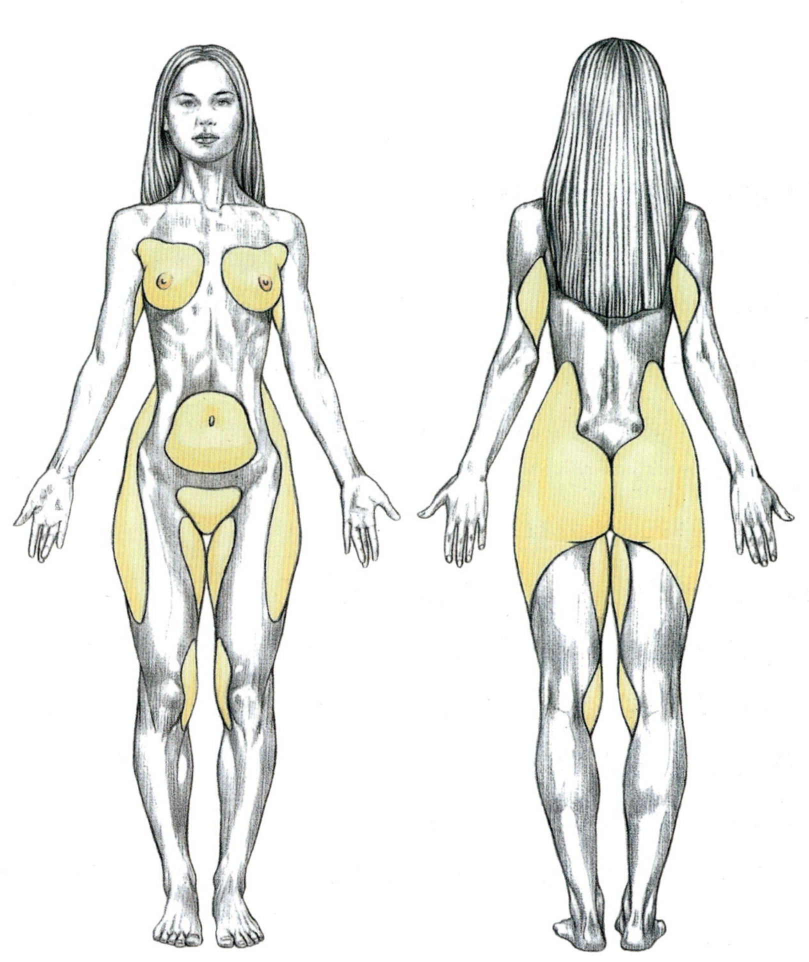

女性常见脂肪分布

脂肪在耐力运动中的价值

对于多数运动员而言，使用富含糖分的饮食结构对于提升耐力水平是有帮助的，但是这并不意味着脂肪没有用处。我们需要补充多少脂肪以便达到提升耐力水平的目标呢？Horvath在2000年进行了一项为期4周的实验，将长跑运动员分成以下三组：

- 第一组：初级运动员的16%的能量摄入来源于脂肪（男性44克，女性31克）。
- 第二组：中级运动员的31%的能量摄入来源于脂肪。
- 第三组：高级运动员的44%的能量摄入来源于脂肪。

运动员们在80%最大摄氧量下进行训练，观察耐力水平以发现不同饮食结构的价值。实验证明，当30%的能量摄入来源于脂肪时，男性运动员的耐力水平提升了8%；而当15%的能量摄入来源于脂肪时，女性运动员的耐力水平提升了20%；而当44%的能量摄入来源于脂肪时，对耐力水平的改善与30%的能量摄入来源于脂肪没有什么差别。

通过研究可以发现，摄入过多的脂肪对于提升耐力水平并没有太多实际用处，女性通过这种饮食方式得到的改变更多。但是，这项研究有一个小的偏差：低脂肪摄入组的能量总量相比其余两组要少15%左右。此外，采用极高的脂肪摄入量时，耐力水平并没有发生预想的提高。事实上，对于运动员而言，摄入如此多的脂肪也是十分困难的。

实际生活中，摄入较高脂肪含量食物的饮食结构也是不容易实现的，但是脂肪对于耐力训练却是必不可少的，并且我们也要注意保持整体能量的摄入。一般来讲，对于大部分运动员，脂肪摄入的比例最高为25%，一般为20%～25%。对于脂肪氧化异常的运动员，可以适当提高一定的比例。运动员需要根据自己的情况选择合适的脂肪摄入比例。

肌肉内甘油三酯的作用

运动员并不只会使用脂肪组织中的脂肪，在肌肉中同样也存在着脂肪，称为肌肉内甘油三酯，如牛肉上的花纹。没有运动习惯的普通人的体内平均含有200克的肌肉内甘油三酯，可以储存1 800卡的能量，相当于肌糖原能量的2/3。女性身体内的含量比男性更好，水平越高的运动员，肌肉中的脂肪含量越高。这是可以通过训练得到提升的。

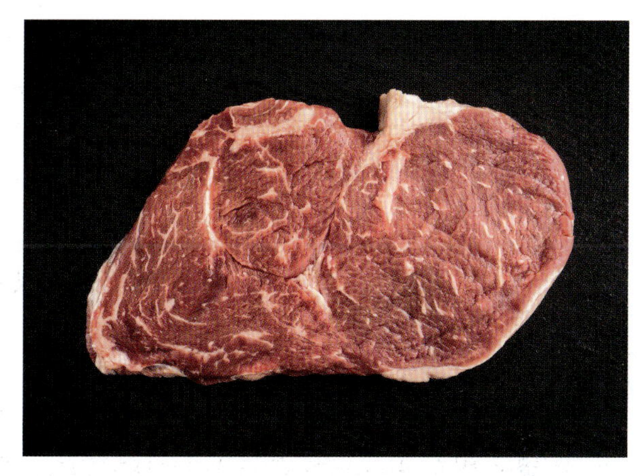

肌肉内的脂肪是十分重要的供能来源，我们必须知道提高肌肉内脂肪的方法。

对于极高水平的自行车运动员，他们在70%最大摄氧量下进行3小时的骑行练习时，其肌肉内脂肪会减少60%；即使在训练中补充能量饮料，6名运动员中有4名还是出现了下降超过70%的现象。当持续训练时间超过2小时后，肌肉内脂肪便会被大量消耗。它们负责25%的能量供应。

这种情况对于能量的恢复也是十分重要的。例如，在马拉松比赛结束7天后，运动员的肌肉内脂肪水平依然仅为正常状态的35%；如果运动员的饮食结构以多糖为主，那么对于能量的恢复是更加不利的，碳水化合物对于脂肪的恢复并没有太大帮助。此时，他们必须摄入脂肪来解决这个问题。

例如，对于高水平自行车运动员，在经历了62%最大摄氧量下的3个小时训练后，肌肉内甘油三酯水平会降低21%，此时运动员补充一定的脂肪（39%的能量是来源于脂肪的），那么在48小时内肌肉内甘油三酯水平不仅会恢复正常，并且还会提高20%。但是，对于不训练或者脂肪补充量较少（24%的能量来源于脂肪）的人，这种情况便不会出现。

如何补充肌肉内脂肪

我们可以通过摄入脂肪的方式来恢复肌肉内脂肪的水平，一旦肌肉内脂肪水平得到恢复，那么我们便没有必要再摄入过多的脂肪。我们可以列举一个脂肪补充的时刻表。

训练结束后立刻补充

训练结束后，我们需要优先补充能被快速吸收的糖分和蛋白质，以便促进糖原的恢复。在训练结束后的3小时内，不应当补充任何脂肪。

Sousa在2012年指出，在训练结束后立刻通过麦芽糊精补充一定的能量，可促进肌肉内甘油三酯水平的恢复。相反，如果训练结束后什么都不吃，那么肌肉内甘油三酯的水平会持续降低。

三小时内补充

此时，我们可以通过吃食物补充一定的脂肪。科学研究表明，酶的作用对于储存糖原十分有帮助，它在训练结束后是十分活跃的，但是在几个小时后活跃程度便明显降低，这也是为何我们要在训练结束后选择优先补充糖，几小时后再补充脂肪。

三小时后补充

同时补充脂肪与蛋白质是有效的，可帮助我们更好地恢复肌肉内甘油三酯水平，而不是脂肪组织。要避免摄入糖。我们的目标在于降低胰岛素水平，这会使食物中的一部分脂肪存于肌肉中。

胰岛素在这里会产生负面作用，要注意避免它对食物中脂肪的影响，从而更好地促进身体的恢复。

这里我们可以列举一些补充脂肪的方式：煎蛋配奶酪或单纯的奶酪（不要配面包），香煎鸡肉或鱼肉（不要配薯条）。在2～3天的训练后补充这样的1～2餐，可以很好地确保我们肌肉内甘油三酯水平的恢复。部分植物脂肪，如杏仁、花生、核桃、橄榄等，也可以充当做脂肪的来源。

训练的整体强度越高或训练持续时间越长，机体对脂肪的需求也就越高。

中链甘油三酯

中链甘油三酯（MCT）也是脂肪的一种，其消化吸收和利用的速度比糖更快，同时不会影响胰岛素分泌，不会有低血糖的风险，并且还含有较高的能量！

因为我们的消化系统并不是只能够吸收糖分的，所以在能量饮料中加入MCT会更有利于能量补充和耐力水平的提升。Van Zyl在1996年进行了一项研究，他让自行车运动员在最大60%摄氧量下进行2小时的骑行练习，并且前40千米保持尽可能快的骑行速度。第一组运动员补充2升含糖量为10%的饮料，第二组运动员补充2升MCT含量为4.3%（或86克）的饮料，第三组运动员补充2升MCT含量为4.3%、含糖量为10%的饮料。结果表明，第一组运动员的耐力水平相比第二组运动员提高了7%，第三组运动员的耐力水平却相比第一组运动员提高了2.5%，MCT对机体肌糖原的恢复有很大的帮助。

但是，大部分研究表明，MCT在训练前或训练中服用并没有明显的效果，而且可能会导致运动耐力水平的降低。Angus在2000年对部分自行车运动员进行测验时发现，在100千米的骑行练习前补充含糖量为6%的能量饮料，与服用安慰剂相比，可使运动耐力水平提高约7%；而在能量饮料中加入4.2%的MCT后，运动耐力水平仅比服用安慰剂提高了5%。

目前的很多能量类补剂是建立在酮体基础上的。酮体是在肝脏通过脂肪代谢产生的，特别是在当我们的身体缺乏糖时。补充酮体的原因是我们无法使用太多自身的酮体，特别是在进行耐力训练时。从外界补充酮体后，运动员的肌肉和大脑的能量供应会明显提高，同时降低低血糖产生的风险（Evans，2017）。不过这种补剂价格比较昂贵。

▶ **注意！**

MCT对于消化系统有一定的刺激性，特别是在单独使用时。在Angus的研究中，8名自行车运动员中有4名报告消化吸收的问题，其中2名问题比较严重。如果你想尝试使用MCT，那么建议一定要十分谨慎，让机体消化系统可以循序渐进地适应。当然，可以选择随餐服用MCT，这可以帮助那些无法一次摄入太多食物的运动员满足热量摄入的需求。无论如何，不推荐单独使用MCT。

其他耐力型补剂

虽然咖啡因对于提升耐力水平有帮助，但是它对身体是否有危害?

咖啡因及其衍生物对耐力的影响

与能量饮料类似，咖啡因对于提升耐力水平也是十分有帮助的，在体育运动中的应用十分广泛，不仅对运动时间较长的运动有一定效果，对一些在力量或速度等方面要求较高、运动时间较短的运动也有明显作用。我们在日常生活中也经常会摄入含有咖啡因的食物或饮料。

作用机理

许多科学研究表明咖啡因可以带来较强的刺激效果，对运动员有所帮助。但其确切作用机制尚不完全清楚。

对身体运动能力要求极强的运动项目都需要咖啡因的帮助

Kalmar在1999年的研究表明，男性运动员按照每千克体重补充6毫克咖啡因的标准在训练前1小时进行补充，可使肌肉最大力量提升3.5%。这种变化是募集到更多的肌纤维所引起的。而使用50%的肌肉最大力量时，我们的力量水平可以提高11%。

Kovacs在1998年对自行车运动员进行检测，要求他们尽可能快地进行骑行练习。在训练开始前20分钟和训练过程中，不同自行车运动员会补充不同的饮料：

▶ 当只补充白水时，运动员总共耗时62.5分钟。

▶ 当补充7%含糖量的能量饮料时，运动员所用时间缩短了1分钟。

▶ 当在能量饮料中加入150毫克咖啡因时，运动员所用时间再次减少了1分钟。

▶ 当在能量饮料中加入225毫克的咖啡因时，运动员的成绩达到了最佳的状态（59分钟）。

▶ 当咖啡因含量提高到320毫克时，耐力水平并没有发生明显变化。

对于参加团体运动的运动员，按照每千克体重补充6毫克咖啡因可以提升他们在两个半场的运动能力（Scheniker，2006）。他们需要在每个半场进行18个四秒钟的冲刺跑练习，每两次冲刺跑之间保持2分钟的主动休息（如用正常速度行走的方式休息），在第一个半场时服用咖啡因的一组运动员比服用安慰剂的运动员速度提高了8.5%，在第二个半场时服用咖啡因的一组运动员比服用安慰剂的运动员速度提高了7.6%。

咖啡因的特点

▶ 咖啡因可以激活中枢神经。

▶ 咖啡因可以刺激肾上腺素分泌。不过，我们要避免肾上腺素水平过高。

▶ 咖啡因可以阻断腺苷（存在于肌肉以及脂肪组织中），肌苷可以合成ATP并在肌肉收缩时提供能量。但是，腺苷容易引发疲劳，补充咖啡因便可以阻断腺苷。

▶ 咖啡因可以提高肌肉收缩的力量。

▶ 咖啡因可以加速对脂肪的搬运，特别是在较长时间的持续运动中，这也证明了它在瘦身塑形方面的作用（见第四章）。

▶ 咖啡因可以帮助我们储存肌糖原。

▶ 咖啡因可以预防低血糖的出现。

▶ 在能量饮料中加入咖啡因可以加速身体对糖的吸收。

▶ 咖啡因可以使我们在训练中减少疲劳感。

咖啡，日常提升运动能力的推进器。

咖啡与咖啡因并不一样

科学研究指出，咖啡不等同于咖啡因，咖啡中的一些分子会抑制咖啡因对人体的兴奋作用。

咖啡因是否属于兴奋剂？

咖啡因是生活中很常见的物质，很多食品都富含咖啡因。咖啡因与毒品以及兴奋剂有一定的相似之处，但是它的销售却不受限制。另外，咖啡因并不在兴奋剂禁药列表中，每个运动员可以自己决定是否使用咖啡因。

咖啡因与健康

除了心血管系统疾病或血脂有问题的人，越来越多的研究表明咖啡或咖啡因对人体健康是有长期正面作用的（Giuseppe，2007）。长期使用咖啡或咖啡因有助于减少部分癌症的发生，如前列腺癌；同时，它还可以降低2型糖尿病的发生概率，并有助于缓解头痛。此外，与不使用咖啡或咖啡因的人相比，长期服用咖啡或咖啡因更有希望获得更长的寿命。

自然咖啡因还是合成咖啡因？

自然咖啡因（咖啡豆）与合成咖啡因（苏打水、能量饮料）对于身体健康的作用是不同的。例如，使用合成咖啡因的人端粒较短，而这点在使用自然咖啡因时便没有这个问题。这也证明了自然咖啡因对于身体健康的作用：可以延长寿命。

生活中也有富含自然咖啡因的补剂，但是它们比较稀少并且价格较为昂贵。很多运动员使用的“训练前补剂”或氮泵中的都是合成咖啡因。

我们可以使用瓜拉纳提取物替代自然咖啡因，同样可以起到一定的延长寿命的作用。瓜拉纳提取物一般最多含有20%的咖啡因，其咖啡因含量越高，我们

在补充时便就越需要注意控制摄入量。如果我们将瓜拉纳提取物加入“训练前补剂”中，效果可能要比单纯补充咖啡因更好。

如何使用咖啡因？

咖啡因起效速度很快。服用咖啡因60分钟后，人体血液中的咖啡因含量会达到最大值，并且持续几个小时。补充300毫克咖啡因后15分钟，我们的心跳速度会开始加快，45分钟时达到最大值，然后在90分钟左右回到正常状态。我们可以在补充咖啡因后立刻开始训练。但是，咖啡因对脂肪搬运的作用却需要在补充后3小时才得以发挥。这里要注意的是，即使咖啡因在较长的时间内都会有一定作用，我们也没必要再单独等3小时才开始训练。

理想的咖啡因摄入量是每千克体重补3～6毫克（如对于70千克体重的运动员，可以补充210～420毫克咖啡因），训练水平越高的运动员，对咖啡因的刺激效果会越敏感。这也意味着在同等咖啡因摄入量的前提下，咖啡因对高水平运动员的运动能力提高效果要比初级运动员明显。需要注意的是，在接近0℃时，咖啡因的效果会大幅度降低。

如果是较长时间的耐力训练，推荐最好使用分量的方式逐渐补充咖啡因，而不要直接大量补充咖啡因，后者容易造成持续的副作用（Negaresh，2019）。

副作用

因为咖啡因会对人体中枢神经有一定的作用，所以它对机体会产生比较强烈的影响，有的人耐力水平得到明显提高，也有的人会出现心跳加速、心悸以及血压升高的问题。

咖啡因并不会导致运动员脱水。Roti在2006年的研究中指出，运动员在较炎热的天气中进行训练时，训练前90分钟补充咖啡因，并未对运动员身体的水含量造成明显的影响。同时，咖啡因也几乎不会减少肌酸对于力量的作用。

为什么有的人使用运动补剂没有效果?

运动补剂没有效果的原因有很多种，就像有的人对酒精比较敏感，而有的人对酒精就没有明显感觉一样。运动补剂带给所有运动员的效果都是一样的，但是每个运动员自身的消化吸收速度不一样，这也是造成效果差异的最主要原因。

1. 吸收率的不同

Southward在2018年指出，同样的补剂不仅在不同的运动员身上会发生不同的作用，同一名运动员服用方式不同也会有所不同。

例如，一名运动员摄入同样含量的咖啡因，早上摄入相比下午摄入的效果会更好。有一些运动员习惯直接服用咖啡因，但是还有一些运动员则习惯随餐或配合蛋白粉服用。服用咖啡因的时间以及是否配合食物一起服用，对于咖啡因的效果是有一定影响的。此外，不同人对于咖啡因的吸收率是不一样的，并且咖啡因到达血液的速度快慢也有重要的作用。

2. 分解速度的不同

例如，CYP1A2（属细胞色素P450酶系）主要于肝脏内发挥作用，可以分解咖啡因，不同人因为遗传因素的不同会产生不同水平的芳香胺氧化作用，约40%的人芳香胺氧化作用的水平较高。它可以十分快速地分解咖啡因，从而使它尽快产生效果。因为这种代谢速度极快，有的人在服用咖啡因的时候便会觉得有效果，但是在服用咖啡豆时便觉得没有什么用，除非他们补充大量的咖啡豆。这类人群即使在晚上使用咖啡因，因为他们身体的分解咖啡因的速度极快，所以也不会出现难以入睡的问题。

约10%的人的芳香胺氧化作用水平较低，摄入一点点咖啡因都会形成较高的血浆浓度并保持较长时间，因此他们即使在下午服用咖啡也会出现晚间难以入睡。

3. 身体感受度的不同

有一种基因ADOA2A会影响我们神经系统对咖啡因的感受度，这种基因层面的细微差别解释了为何有的人无法耐受咖啡因。如果我们平时喝太多的咖啡，如一天中都在喝咖啡，那么同样会降低机体对咖啡的感受度。良好的消化吸收、较差的分解以及神经系统对咖啡因的过度敏感，三者组合在一起便会出现无法耐受咖啡因的现象。

这里还有另外一种补剂是与咖啡因完全相反的：牛磺酸。这种氨基酸是能量饮料或“训练前补剂”的常见成分，主要作用是调节神经对咖啡因的敏感度。牛磺酸可以在一定程度上降低血压（Waldron，2018），而身体缺少牛磺酸的人则容易出现高血压。

与其说牛磺酸可以使我们镇静下来，不如说牛磺酸与GABA（γ-氨基丁酸）的作用可以使我们镇静下来（Ochoa-de la Paz，2018），同时它对于改善睡眠具有一定的作用（Ha，2015）。有的运动员认为，如果牛磺酸可以帮助我们改善睡眠，那么它便不应该出现在“训练前补剂”中。

但是，对于一些运动员而言，牛磺酸的确可以作为“训练前补剂”，即使缺少咖啡因的补充。在这种情况下，要注意避免在夜晚服用。因此，运动员必须知道牛磺酸对自己来讲是更加适合用在训练前提升运动能力，还是有助于促进睡眠。只有你自己才能够确定它对你的真正作用是什么，一定要避免错误使用！

牛磺酸的这种双重效果可导致科学研究结果出现偏差，使得部分研究结果难以解释（Waldron，2018）。牛磺酸在部分运动员身上也没有表现出足够的效果（Waldron，2018）。

4. 通过脑脊液屏障百分比的不同

咖啡因的刺激效果不同与它通过脑脊液屏障百分比的不同有关，例如，焦谷氨酸（氨基酸的一种）可以使一些人很快入睡并且获得很好的睡眠质量，这意味着它可以比较容易地进入脑部。但是对于另外一些人，焦谷氨酸无法使他们获得很好的睡眠效果或者作用短暂，这是因为只有微量的焦谷氨酸可以到达脑部，并且有效浓度维持时间较短。

小结：我们并不能准确地说某种补剂就一定适合某个人，每个人的具体情况是不同的，我们只能说运动补剂对大部分人来说具有正面效果。

另外，睡眠质量本来很好的运动员在这方面可能没有什么改善的余地（见第五章）；

同样，对于没有任何消化系统疾病或免疫疾病的运动员，服用谷氨酰胺并不能带来太大的帮助。但是对于那些容易生病或消化吸收功能较差的运动员，在训练后补充谷氨酰胺还是有很多积极作用的。

因此，补剂的使用必须根据个人的情况（如训练状态不佳、疲劳感出现较快、恢复能力较差、睡眠质量较低、关节不适等）以及需求进行选择，而不是一味地模仿自己的朋友或某个冠军。

肌酸对于提升耐力水平是否有帮助

许多科学研究表明，肌酸对于提高运动员的力量水平有比较大的作用（见第二章），但是对于耐力水平的提升并没有明显帮助。肌酸对Ⅱ型肌纤维（快肌纤维）的作用要多于Ⅰ型肌纤维（慢肌纤维）。此外，肌酸还会导致体重增加，这对于耐力型运动员显然不是一个好消息，特别是游泳运动员，这会影响他们在水中的表现。

但是，并非所有的耐力型运动的运动节奏都较慢，在某些时刻也需要运动员加快速度，如在长跑的最后冲刺阶段。许多研究表明，肌酸对于一些耐力型运动中强度较高阶段的运动表现力是有一定帮助的。

例如，对于高水平赛艇运动员而言，连续6天每天补充20克肌酸，可以使他们在2000米的竞赛中所用时间缩短3秒（Nagasawa，2001），而使用安慰剂的赛艇运动员在运动能力方面并没有任何改变。但是，赛艇运动员在20秒固定划船中的成绩并没有因使用肌酸而得到改善。

Nelson在2000年对一些初级男/女运动员进行了一次20分钟左右的最高速度骑行测试。他们在7天内每天补充20克肌酸，这使得他们的骑行时间相比只服用安慰剂的运动员多出了6%，同时他们的心率以及消耗氧气的速度都更慢。

对于铁人三项运动员而言，连续5天每天补充6克肌酸，可以在一定程度上提升耐力水平（Engelhardt，1998）。需要注意的是，这种检测结果是建立在较

肌酸对于需要一定力量水平的耐力运动是有一定帮助的。

少的肌酸补充量的基础上的，正常情况下每日肌酸的补充量为20～25克。

肌酸在探洞运动中也是有一定作用的。第一组探洞者在3周内每天补充4克肌酸和2克BCAA（支链氨基酸）（见第二章），第二组探洞者只服用安慰剂。他们需要分别进行攀岩（无氧）和跑步（有氧）2个项目，整个测试要进行2次。第二次测试在跑步完成后的12小时进行。研究发现，使用肌酸与BCAA组运动员的心率恢复正常的速度要比第二组快，其呼吸节奏也比第二组要慢一些；同时，使用肌酸与BACA组运动员的肌肉分解代谢比第二组要少25%，这也是补剂的作用。

肉碱与耐力

肉碱的主要作用便是搬运肌肉内的脂肪用于燃烧，很多有减重需求的人对其青睐有加（见第六章）。耐力型运动员同样需要肉碱，这样当他们燃烧脂肪时，可使体内的糖原得到很好的保存。肉碱对肌肉和内分泌系统的影响，使得它对肌肉生长和身体恢复都有重要作用。

肉碱的代谢

肉碱既属于氨基酸，也属于维生素，是一种肝、肾代谢的由两种氨基酸（赖氨酸和蛋氨酸）和三种维生素（烟酸、维生素B6以及维生素C）组成的物质。对于没有训练经验的人每天可以生产20毫克左右的肉碱，基本能满足每日需求。根据自身的需求，机体一天需要摄入15～50毫克肉碱。对肉碱额外的需求可以通过食物来满足，如肉类或奶制品。素食主义者的肉碱水平与其他人相比要低一些。几乎全部的20～25克肉碱都存在于肌肉中。

运动员是否有必要增加肉碱水平?

Arenas在1991年对短跑运动员和长跑运动员进行了为期6个月的研究，训练短暂降低了肌肉的肉碱水平，但其在尿液中排出量却有一定程度的增加。但是，只有短跑运动员出现了肉碱水平的持续降低，依赖力量或爆发力的运动员更容易感受体内缺乏肉碱的影响，这与他们富含蛋白质的饮食结构有关。采用每天补充1克肉碱的方式，便可以很好地避免上述问题。

Metin在2003年的研究中发现，足球运动员体内的肉碱水平要比平均水平低一些，这意味着在某些特定情况下，补充肉碱的需求与训练类型有关，但此说法尚未得到普遍认可。

补充肉碱的作用

肉碱最大的问题便在于其消化吸收——只有5%～15%能够被消化吸收，其余的则会被排出体外。当它与糖分一起补充时，它的作用可以被放大。但是，即使有的补剂可以提高血液中肉碱的水平，它的作用也会因个体的不同而区别巨大。每个人体内肉碱水平的不同，使用补剂后所产生的效果也不同。每日补充2克肉碱，持续2周，可使人体肉碱含量平均提升约8%。

Swart在1997年针对马拉松运动员进行过研究，让其连续6周每天补充2克肉碱，另有一部分运动员只使用安慰剂。结果发现服用肉碱运动员的速度比服用安慰剂者要快5%，他们的耗氧量和心率更低，脂肪供能的比例大幅度增加。

Gorgostiaga在1989年进行了一项研究，让自行车运动员在66%最大摄氧量下进行45分钟的骑行练习。结果发现，对于耐力型运动员而言，连续28天每天补充2克肉碱，可以大幅度提升训练时脂肪的利用率。近期也有研究表明，对于男性而言，补充2克左旋肉碱、左旋酒石酸不会影响脂肪的氧化，但是会增加糖的氧化作用（Abramowicz，2005）

几组橄榄球运动员在80%最大摄氧量下进行训练，并使用不同的补剂（Cha，2001）：

- 14分钟，使用安慰剂；
- 20分钟，使用咖啡因（每千克体重5毫克）；
- 23分钟，使用肉碱；
- 31分钟，使用肉碱＋咖啡因。

需要注意的是，此项测试中运动员使用的肉碱量比其他测试要多，达到了每人15克，是因为这些运动员平时对肉碱摄入较少。此测试证明，补充1～2克的肉碱无法使其发挥全部作用，肉碱可以与咖啡因配合使用。

肉碱对于一天中进行重复训练的运动员同样有效。Maggini在2000年对一些运动员进行过测试，连续5天每天补充2克左旋肉碱和左旋酒石酸，进行15分钟的快速骑行然后再进行1小时的慢速骑行。研究证明，服用肉碱的运动员力量衰减了11%，而服用安慰剂的运动员则衰减了14%。同时，在被检测的12人中，只有9人能明显感受到肉碱的作用。如果不包含这部分人，那么这两组运动员的力量衰减将分别达到15%和19%。

▶ **注意！**

不要将肉碱与肌酸混淆。肉碱的补充量过高，很容易导致身体出现低血糖的现象，因此在使用肉碱时，一定要注意服用量。

氧气鸡尾酒

氧气对于加速训练和训练后身体的恢复是十分有帮助的。在训练时背着氧气瓶进行练习显然是不可能的，但是我们可以使用氧气鸡尾酒有针对性地补充氧气。

普通水每升含4～10毫克氧，而氧气鸡尾酒每升含氧量则达到90毫克。苏联人是第一个发明氧气鸡尾酒的（Dubrovskii，1982）。Jenkins于2001年的研究指出，自行车运动员在训练前15分钟补充氧气鸡尾酒后，运动成绩提升了2.5%；特别是一些高水平运动员，补充氧气鸡尾酒后可发现其血液氧气含量充足。

但是，部分公开发表的研究指出，这种饮料对于短跑或长跑运动员没有明显帮助（Wing-Gaia，2005；Leibetseder，2006）。其中一项研究指出，通过化学方

▶ **注意！**

要注意，这里我们提到的氧气鸡尾酒是建立在富含氧的水的基础之上的，与药店中的过氧化氢是不一样的。过氧化氢是坚决不能饮用的。

式检测得出的氧气鸡尾酒实际含氧量要比标称数字低不少；而另一项研究则指出，通过此种方式（饮用）摄入，机体无法很好地吸收氧气。

这种饮料似乎不会影响机体的免疫力系统或肝脏，但是体内的自由基水平却提高了（见第三章）（Gruber，2005；Schoenberg，2002）。

安慰剂的作用对于运动员是十分强大的！

Foster曾经在2005年做过这样一项实验：一组被检测者在5公里跑测试前补充水，然后再进行一次5公里跑检测，这一次补充的还是水，但告诉被检测者这里面含有新开发的可以提高运动水平的营养物质。结果表明，在第二次检测时，16名被检测者中有12人的成绩都得到了提高，特别是最后的400米速度提高十分明显。虽然安慰剂在短时间内是有一定作用的，但是如果不能够使自己的成绩得到真正的提高，那么在之后长期的练习中这种作用便会消失。

第二章

增肌与增力类补剂

为了更好地增长肌肉，有几种运动补剂是必须优先选择的：

- 蛋白质
- 氨基酸
- 促睾

蛋白质与增肌

蛋白质的代谢

当提到肌肉时，我们第一个想到的便是蛋白质。除了水分以外，肌纤维中最多的便是蛋白质，因此如果想增长肌肉，那么补充蛋白质是很自然的选择。蛋白质不只是肌纤维中最多的一部分，同时它还可以极大程度地促进肌肉的合成代谢（Cayol，1997）。

氨基酸是构成蛋白质的基础物质，当我们补充蛋白质时，身体的消化系统可以将蛋白质分解成不同的氨基酸，然后被身体吸收利用。

人体中有两大类氨基酸

1. 必需氨基酸

必需氨基酸指的是我们人体无法合成，必须通过食物摄入的氨基酸。研究表明，必需氨基酸在蛋白质的合成代谢中扮演着重要的角色。

2. 非必需氨基酸

非必需氨基酸指的是机体可以自己合成的氨基酸，机体可以根据需求通过食物进行补充。Tipton在1999年指出，非必需氨基酸在蛋白质的合成代谢中并不扮演重要角色，对蛋白质的吸收没有明显的影响。

对于运动员而言，还存在两类氨基酸

1. 条件必需氨基酸

条件必需氨基酸也被称为半必需氨基酸，指的是人体可以少量合成的氨基酸。对于没有训练习惯的人来讲，机体的条件必需氨基酸的含量足以满足

需求；但是，高强度的肌肉力量训练者需要更多的条件必需氨基酸。

例如，肌肉力量训练会加速身体中谷氨酰胺的消耗，使得肌肉、内分泌系统以及消化系统对谷氨酰胺的需求大幅度提高。但是，机体每天只能合成20～50克谷氨酰胺，远远无法满足训练需求，从而会使得血液与肌肉中的谷氨酰胺水平明显下降。

对于运动员而言，此类氨基酸还包含精氨酸、牛磺酸等。

2. 特殊氨基酸

这类氨基酸对于人体并不是必需的，身体对它的需求是很难被定义的，但是有些研究证明这类氨基酸对于运动员是十分有帮助的。例如，茶氨酸可以提升睡眠质量，4-羟基异亮氨酸可以促进胰岛素的分泌等。此外，这类氨基酸还包含肌肽、HMB（羟甲基丁酸钙）等。

非健身人群对蛋白质的需求

对于身体健康的非健身人群，每天身体会消耗近300克的蛋白质（James，1976）。其中，80%的蛋白质分解后会用于重新合成，其余20%的蛋白质则必须通过饮食补充（James，1976）。对于非健身的成年人，每日需要补充0.6～0.8克的蛋白质。

对于成年人来讲，这种蛋白质的代谢与合成是相同的。对于青少年而言，他们的蛋白质合成要多于蛋白质的代谢，这便会带来肌肉的增长。对于年龄较大的人来讲，蛋白质的代谢则要多于合成，这也是为什么人会随着年龄的增加逐渐衰老，肌肉量会开始逐渐下降。

影响蛋白质合成代谢的因素主要有两个：营养补充与肌肉力量训练。当然，它也会在一定程度上受其他因素的影响，如激素水平。

饮食调节

对于健身者或运动员来说，饮食是十分重要的，如果不注意饮食只关注训练，那么同样会造成肌肉的流失。如饮食结构中明显缺乏蛋白质，便有肌肉流失的风险；同时，机体对必需氨基酸的需求也无法得到满足，也会直接影响肌肉的合成（Kobayashi，2003）。

我们的肌肉量与训练是有直接关联的。

训练调节

训练对于蛋白质的合成有一定的促进作用，在没有失重的情况下，训练会促进蛋白质合成；相反，便会出现因肌肉流失而导致的肌肉力量下降。这也是为何宇航员在太空中会损失一部分肌肉以及力量的原因。

Biolo在2005年指出，缺乏训练会降低氨基酸的合成；相反，进行肌肉力量训练可以促进蛋白质的合成。

当我们的训练量减少同时摄入蛋白质减少时，同样会存在肌肉流失的风险。例如，在较严重的疾病状态下，我们便很容易出现上述情况。

蛋白粉的宣传效果与实际效果是否一致？

运动员是否需要增加蛋白质摄入呢？

有很多证据表明，运动员需要比非健身群体摄入更多的蛋白质：

- 因为训练的影响，与普通人相比，运动员会代谢更多的蛋白质，训练时间与训练强度是影响蛋白质代谢的两个关键因素。Lemon在1997年指出，1小时的有氧训练会额外消耗29克蛋白质；而当训练强度提高后，这个数字会变成45克。
- 氨基酸是为机体供能的来源之一，BCAA在这里扮演重要角色。
- 训练容易导致激素水平提高，而激素会破坏肌纤维，并促进炎性细胞因子释放炎症。这意味着在训练结束后的较长一段时间内，机体需要补充蛋白质。
- 与普通人相比，运动员肌肉含量更多，因此他们对于蛋白质的需求更多。
- 训练会消耗氨基酸，同时增加尿液和汗液的排出（Liappis，1979）。

运动员对蛋白质的需求

Lemon在1998年对于运动员对蛋白质需求量的研究，目前已经在世界范围内得到普遍认可的。

1. 耐力型运动员

在高强度训练结束后，运动员需要补充每千克体重1.2～1.6克的蛋白质。例如，对于70千克体重的运动员而言，蛋白质摄入量最少在84克，最多可达112克。

Gaine在2006年的研究证实了这一点。如果耐力型运动员只补充每千克体重0.8克蛋白质，那么将不足以维持正氮平衡。按每千克体重0.8克蛋白质进行补充，只能够满足日常基本生活的需求；当补充每千克体重1.8克蛋白质时，便可建立正氮平衡，这意味着新的肌肉的生长。科学家认为，对于耐力型运动员而言，每天必须补充至少每千克体重1.2克蛋白质，或者确保每日摄入总热量的10%来源于蛋白质。

2. 力量型运动员

力量型运动员对蛋白质的需求量更高，他们需要每天补充每千克体重1.6～1.7克蛋白质。例如，对于一名体重80千克的运动员，他需要每天补充128～136克的蛋白质，并且最好是分4～6餐补充，每餐补充25～30克蛋白质。

训练与血液中氨基酸的水平

训练会引起血液中氨基酸水平的巨大变化，不同的训练类型（高强度或高容量）对于氨基酸的影响也不同，这也是为何不同类型的运动员对蛋白质的需求量不同。

与力量型运动员相比，耐力型运动员的氨基酸水平较低。Van Hall在1998年指出，在2小时的有氧训练后，运动员的氨基酸水平降低了23%，并会在训练结束后持续7个小时。Volk在2001年对铁人三项运动员进行研究发现，较大的训练量会导致他们在接下来的2天里氨基酸水平降低约15%、BCAA水平降低约21%。

Pitkanen在2002年对短跑运动员和跳跃类运动员的2小时训练进行了研究，他们都会补充每千克体重1.26克蛋白质。结果表明，60米跑运动员的必需氨基酸水平下降了8%，非必需氨基酸水平提高了6%。

Pitkanen认为，力量训练可使氨基酸水平下降更明显。运动员在经过肌肉力量训练后，整体氨基酸水平下降了约14%，必需氨基酸水平减少了约20%，非必要氨基酸水平减少了约12%。

Pitkanen把对这些运动员的研究时间拉长到5周，训练类型由单纯的田径类训练扩展到田径＋肌肉力量训练。结果表明，运动员的氨基酸整体水平下降约19%，必需氨基酸水平下降约18%，非必需氨基酸水平下降约20%。

这些数字表明，运动员对于蛋白质的需求相比普通人要更多，特别是在进行力量训练时，这种需求量会变得更高。每个人应当根据自己的情况选择适合的蛋白质摄入量。

是否存在最理想的蛋白质摄入量？

虽然运动员比普通人需要摄入更多的蛋白质，但是越来越多的实验表明，蛋白质摄入过度会影响运动员的成绩提高。

我们身体合成肌肉的能力有限，一旦蛋白质摄入过量，那么过多的蛋白质便会被浪费掉。

当补充蛋白质超过每千克体重2.4克时，机体合成肌肉的能力便会达到极限，摄入的氨基酸和蛋白质会出现被浪费的现象。Gaine于2006年的研究中指出了这种情况，并发现：当耐力型运动员补充每千克体重0.8克蛋白质时，约14%的蛋白质将被浪费；当他们补充每千克体重1.8克蛋白质时，约25%的蛋白质将被浪费；而当他们补充每千克体重3.6克蛋白质时，约54%的蛋白质将被浪费。当蛋白质摄入量增加时，机体的消化系统便会受到较多的压力，同时机体排出氨基酸的量也在逐步增加。

蛋白粉是什么？

补充蛋白粉在有些人看来是很荒唐的，他们甚至认为蛋白粉是兴奋剂，可以使肌肉快速生长。

事实上，蛋白粉并不存在任何魔法，蛋白粉同奶粉十分相似。我们可以简单讲解一下蛋白粉的制作过程：首先，去除牛奶中的水使其变成奶粉，就像我们在每个超市中看到的奶粉一样。然后，再去除糖、脂肪以及乳糖，同时尽可能保证蛋白质的含量更高，脂肪以及糖的含量更低。例如，正常情况下，乳清蛋白只含有65%的蛋白质；但是通过去除脂肪和糖，乳清蛋白粉的蛋白质含量可以达到80%，分离乳清蛋白粉甚至可以达到95%。最后，会添加一些可以使蛋白粉口感变得更好的物质，这样蛋白粉便制作完成。因此，在整个蛋白粉制作过程中并没有什么特别神秘的事情，也没有添加什么不健康的物质。

蛋白粉可以使我们：

- 提高合成代谢水平；
- 不会限制饮食的合成代谢；
- 完善饮食习惯。

注意，如果蛋白粉补充过多，那么便会限制我们从食物中获取蛋白质，此时蛋白粉便不再是补剂，而是主要的蛋白质补充来源。

如何划分补剂与食物？

人们对真正的食物与蛋白类补剂的区别一直是比较模糊的。例如，如果牛奶属于真正的食物，那么奶粉又该被如何划分呢？谷物也是一样，它们属于真正的食物，但它们同时又是增肌粉的重要组成部分。同样的例子还见于土豆、鸡蛋等。

维生素胶囊是比较好定义的，它很明显属于补剂，因为与咖啡因胶囊一样，它们都被合成的。难以分辨的例子如富含咖啡因的能量饮料，它究竟属于食物还是补剂呢？热衷于确定一个划分补剂与食物的标准是没有太大意义的。

Oliveira在2005年指出，对于进行8周增肌与力量训练的年轻人而言，补充较多的糖比补充蛋白质更重要。Sallinen在2004年指出，进行肌肉训练的运动员会出现蛋白质摄入过多而脂肪摄入不足的现象。

事实上，当我们补充蛋白质的量越来越高时，机体生产睾酮的能力却在慢慢下降，并且肌肉抑制素（一种影响肌肉生长的激素）的水平也在逐步提高。

根据前面我们提到的，蛋白质的摄入量只是我们了解蛋白质时需要关注的一个问题，我们同样还需要关注蛋白质的质量和补充时间，这同样是十分重要的。

每次补充多少蛋白质？

对于运动员而言，还有一个问题受到大家普遍关注，即每次补充多少蛋白质是最合理的。我们认为，每餐补充30克蛋白质并不适于所有人。

Tang在2007年的研究中指出，与补充同等量的糖相比，在肌肉量训练结束后补充10克乳清蛋白粉可以使合成代谢水平提高约50%，这是我们必须满足的最低摄入标准。

Churchward-Venne在2012年通过研究指出，训练后最佳的蛋白质补充量为20克，但这个结论是建立在训练容量较低以及被检测者训练水平较高的基础上的。

Pennings在2012年指出，对于年龄较大的普通人而言，补充35克蛋白质比补充10克或20克蛋白质可以更好地提升合成代谢水平。不过，老年人对蛋白质的吸收和利用能力比年轻人要差一些。

每餐补充20克蛋白质是完全合适的，而30～40克蛋白质这种较高的摄入量比较适合高强度训练结束后。

蛋白质是否有负面作用?

蛋白质摄入过量不仅会影响运动成绩的提高，还有可能引发更多问题。

蛋白质与酸化

当蛋白质摄入量大幅度提高时，糖的水平会变得较低，身体会容易产生大量的酸。这种现象会直接影响血液的酸碱平衡，导致肌肉量和骨量的流失，进而导致运动能力降低。身体的酸化环境还会使我们更加容易吸收脂肪，需要使用减脂类补剂和调节pH的补剂。

蛋白质与骨量

长时间以来，有很多人认为蛋白质会加速钙质的流失，而近期研究却无法证明这个观点。Kerstetter在2003年指出，如果蛋白质会增加尿液中钙的含量，那么很显然我们身体消化吸收的蛋白质也在增加；如果蛋白质摄入过低（每千克体重补充0.8克蛋白质），那么对钙的吸收也较差。

对于年龄较大的人而言，蛋白质摄入量的增加会提升机体的IGF-1水平，进而会强化骨骼。这种IGF水平提高的现象揭示了蛋白质对骨骼的作用（Dawson-Hughes，2004）。Mullins在2005年指出，对于进行肌肉力量训练的年轻女性而言，连续10天每天补充每千克体重2.4克蛋白质，并没有对骨骼的完整性造成任何不利的影响。

错误的观点

我们经常能够在网络上看到类似这样的观点：额外补充蛋白质是没有什么用的，只需要保证基础饮食，也就是肉、鸡蛋、鱼等蛋白质的摄入量即可。事实上，从食物中补充的蛋白质越多，我们便很难感受到补充蛋白粉的作用。蛋白粉对于那些日常饮食水平较差、急需蛋白质补充的人是十分有帮助的。如果一个运动员的日常饮食富含蛋白质，那么蛋白粉对他便不会起到太明显的帮助作用，这一点与维生素是一样的。的确，理论上最好的蛋白质补充方式还是从食物中摄入，但是要注意近些年来食物质量的下降问题，我们还是应当适度借助补剂的帮助。

心血管系统的问题

这类问题会出现在大量摄入富含蛋白质和饱和脂肪的食物时，如鸡蛋、牛奶、肉类。

对肾脏的影响

有人认为蛋白质会对运动员的肾脏有影响，不过这个观点并没有被证实。这种观点与长时间采用富含蛋白质的饮食结构会限制身体水分补充有关。事实上，我们补充的蛋白质越多，补充的水便会越多。运动员可以使用调节pH的柠檬酸盐来预防相关问题。

总 结

蛋白质摄入过量对于身体的危害仍有待观察，但是运动员要注意：蛋白质摄入过量会对他们的运动能力造成负面的影响。

不同类型的蛋白粉

蛋白粉是有多种不同类型的，下面我们便为大家介绍常见的几种蛋白粉。

乳清蛋白粉

牛奶含80%的酪蛋白和20%的乳清蛋白。乳清蛋白粉是目前世界上最流行的蛋白粉，其生物质量极高，即其氨基酸与人体需求极其相似（Sindayikengera，2006）。

乳清蛋白粉的种类较多，这与它的过滤过程有关。

当我们用牛奶提取乳清蛋白粉时，通常有两种方式：

▶ 干酪乳清蛋白粉：这是比较常见的方式，如果蛋白粉的标签上并没有表明蛋白质的来源，那么基本意味着它来自干酪。它最大的好处便是成本较低。但是，在制作过程中，它的氨基酸会受凝乳酶和微生物的凝结和发酵双重影响。

一般根据其GMP浓度来判断乳清蛋白粉中的氨基酸水平，此浓度一般为15%～35%。即使GMP富含BCAA，但如果缺少亮氨酸，那么它对于肌肉生长还是没有太大帮助。

▶ 如何从众多蛋白粉中找到适合自己的呢?

▶ 牛奶乳清蛋白粉：它与干酪蛋白粉不同，是直接从牛奶中提取的，氨基酸被保护得比较完全。牛奶乳清蛋白粉不含GMP，在它们的标签上会标明是否是天然乳清蛋白。与干酪蛋白粉相比，这种蛋白粉的不足之处在于比较昂贵。

有三种方法可以提取蛋白质，同样适用于牛奶乳清蛋白粉和干酪乳清蛋白粉：

▶ 浓缩乳清：方式相对简单，因此价格也较低。浓缩乳清蛋白粉的问题在于它对于乳清的浓缩作用，容易导致消化吸收的问题（如腹胀、胃疼、腹泻、胀气等）。如果一种蛋白粉富含浓缩乳清，那么这意味着它的品级较低。

▶ 分离乳清：提取能力相比浓缩乳清蛋白粉要高，可分离乳清富含蛋白质并且较好地解决了乳糖不耐受的问题。虽然其分离乳清较贵，但其品级较高。

▶ 水解乳清：是最贵的蛋白粉，并且添加了一定的酶。水解乳清蛋白粉的口味较差，厂家在制作时会使用人工香精来遮盖其味道。它的价格不仅较高，同时还存在消化吸收困难的问题（当摄入超过一定量时，水解乳清会极易导致腹泻）。

牛奶乳清蛋白粉比干酪蛋白粉更好，分离乳清相比浓缩乳清和水解乳清更好，价格间差别并不意味着它们对于健康运动员提升运动能力的作用有很大区别（Sindayikengera，2006；Hamarsland，2017；Garcia-Vicencio，2018）。

在运动员经常补充的蛋白粉中，乳清蛋白是富含半胱氨酸最多的（每100克蛋白质含2.45克），后者是谷胱甘肽的前体（见第三章），这便习释为何乳清蛋白粉具有抗氧化的作用。乳清富含BCAA，特别是亮氨酸，平均每100克蛋白质含12克，也就是说乳清蛋白中几乎25%的蛋白质都是BCAA，但是，乳清蛋白粉中的精氨酸和谷氨酰胺含量较低。

乳清蛋白粉的作用

乳清蛋白粉可以促进肌细胞的活化，而肌细胞的活化对于肌肥大和新的肌细胞是不可或缺的。与只使用安慰剂相比，年轻的男性健身爱好者持续进行12周的肌肉力量训练，在每次训练后补充25克乳清蛋白，可以使肌细胞活化作用提升约35%（Farnfield，2005）。对于年龄较大的男性健身爱好者，这个差别可达到160%。

Burke在2001年做过这样一项试验：两组男性健身爱好者都进行6周的肌肉力量训练，并且补充不一样的补剂，第一组以每千克体重补充1.2克蛋白质的方式补充蛋白粉，第二组则以每千克体重补充1.2克糖的方式补充含糖饮料（安慰剂）。

结果表明，第二组在经过6周训练后肌肉量提高了900克，而第一组则提高了2.3千克。两组健身爱好者的脂肪含量并没有明显变化。在力量水平方面，与第二组相比，第一组的力量水平轻微提升，但并没有肌肉量变化表现得那么大。

此实验并没有将乳清蛋白粉与别的蛋白粉进行比较，因此没有办法描述乳清蛋白粉的优越性。

补剂销售商的宣传是否正确?

不知道大家是否注意到，很多补剂销售商会用一些晦涩难懂的语言进行宣传，目的是使消费者相信其产品质量是最好的，但事实上往往并非如此。例如，有一种蛋白粉声称它含有“100%水解乳清蛋白”，这并不意味着它的水解等级是100%。这种含糊不清的语言其实是想遮盖这种“水解乳清蛋白”其实就是乳清蛋白的事实。

事实上，乳清蛋白粉的水解等级很少能够达到10%，否则我们打开蛋白粉时便会闻到容易让人呕吐的味道。正因如此，蛋白粉生产商很少会将乳清蛋白粉的水解等级提高到6%以上。对于某些酪蛋白，的确有水解等级达到30%以上的情况，但是要权衡销售时气味和口感对销售所造成的影响。

相比质量而言，味道是否没有太大价值？

对于蛋白粉而言，因其来源于牛奶，所以想让它变得好喝很简单，但并非在所有类型的补剂中都是能够轻易实现的。例如，对于BCAA而言，当亮氨酸含量提高时，BCAA的整体口感便会下降。只是使用增甜剂（相比糖要甜600倍）还是不够的，必须使用20～50倍量的奶粉。为了解决这个问题，制造商加入了柠檬酸，正因如此，它会给人们带来水果的口感（Quintanilla，2014）。希望给予BCAA水果味以外的口感是很困难的，无论加入什么物质都基本还是原来的味道。

这也是为何有很多补剂在服用的时候会有一种药味。制造商会在其中加入一定的食用色素和食用香精。但是，补剂中几乎不会有草莓味或甜度过高的味道，以避免儿童误服。

补剂的味道越好，其中的化学添加物也就越多。这与“训练前补剂”是不一样的，这种情况仅仅体现在蛋白粉中。蛋白粉口感越香甜，证明制造商越想遮盖比较平庸的蛋白粉品质。

在3个月的时间里，普通男性和女性每天补充20克富含半胱氨酸的乳清蛋白或酪蛋白，但并不进行任何训练。在一项研究（Lands，1999）中，乳清蛋白组的受试者的心血管功能水平和力量水平得到了提升，但酪蛋白组受试者却没有任何变化。乳清蛋白组受试者的体脂率下降，体重没有什么变化，意味着肌肉量的增加；相反，酪蛋白组受试者的脂肪含量却有少量增加。

Cribb在2006年指出，使用乳清蛋白比酪蛋白增肌效果更好。在10周的时间里，两组男性健身爱好者进行持续的肌肉力量训练，其中一组按每千克体重1.5克补充乳清蛋白，另外一组按每千克体重1.5克补充酪蛋白。补充乳清蛋白组受试者比补充酪蛋白组受试者的肌肉量和肌肉力量都得到了明显提升，并且脂肪得到了一定的燃烧。

Demling则认为酪蛋白比乳清蛋白更好。在另一项研究中，在12周的时间里，两组体重超标的男性采用低热量饮食并进行肌肉力量与有氧训练，一组按照每千克体重1.5克的标准补充酪蛋白，另一组补充同等量的乳清蛋白。结果显示，酪蛋白组受试者的脂肪减少了7千克，而乳清蛋白组受试者只减少了4千克；

酪蛋白组受试者的肌肉增长了4千克，而乳清蛋白组受试者只增长了2千克。在力量增长方面，酪蛋白组受试者的提高幅度同样大于乳清蛋白组受试者。

酪蛋白

酪蛋白含有丰富的谷氨酸和酪氨酸，但其半胱氨酸和精氨酸含量较低。一般来讲，酪蛋白要比乳清蛋白便宜。常见的酪蛋白主要有三类：

- 钠酪蛋白：这种酪蛋白比较古老并且较为便宜，与其他种类的酪蛋白相比，并不是我们身体所最需要的。一种补剂富含钠酪蛋白，这便意味着它的配方是过时的，并且品级较低。
- 酪蛋白胶粒：这是用来替代钠酪蛋白的，其所含氨基酸比钠酪蛋白更加适合人体。酪蛋白胶粒的作用时间相比钠酪蛋白更长，可以保护我们的肌肉，避免它在夜晚睡觉时出现分解代谢。

酪蛋白胶粒常含有少量的乳清蛋白（10%～20%），一般只有很罕见的情况下，生产商才会清除酪蛋白胶粒中的乳清蛋白。

- 水解酪蛋白：价格十分昂贵。水解酪蛋白中同样添加了一定的酶，并且口感和味道较差。水解酪蛋白比水解乳清蛋白更常见，但是与水解乳清蛋白一样，大量摄入水解酪蛋白同样会引发腹泻。

需要注意的是，粉状蛋白质（也就是蛋白粉）并不是唯一可以增强肌肉合成代谢作用的蛋白质。例如，对于男性和女性来讲，在1小时训练后补充全脂牛奶可以促进肌蛋白的合成（Elliot，2006）。研究指出，全脂牛奶的效果是脱脂牛奶

酪蛋白在构建肌肉中扮演什么样的角色呢？

乳糖不耐受?

喝完牛奶后几分钟内出现腹泻，是否能据此判断存在乳糖不耐受的问题？答案是“可能是”。这种现象在补充不含乳糖的蛋白质时同样会出现。那么，这到底是为什么呢？

这种情况一般是食物经过胃的速度过快，使小肠出现消化吸收困难引起的。

此时，大量的液体会滞留于肠道，导致腹壁过度膨胀，从而导致肚腹痛。血液同样也会大量滞留于消化系统，使身体其余部位发生缺血，从而造成不适。最终，机体可能通过腹泻或呕吐将过多的消化道内容物排出体外。之后便有可能发生低血糖。

如果上述身体反应是内源性的，那么便不能将这个问题直接归结于补剂。事实上，牛奶和蛋白粉（如乳清蛋白、酪蛋白，特别是水解蛋白）都含有类吗啡肽（Liu，2018），后者会作用于消化系统。每个人的食欲水平以及食物通过肠道的速度是不同的，摄入乳清蛋白会使部分人产生饥饿感，但有些人则会出现食欲不振（没有胃口）。

这种情况可能会导致出现便秘。如果使用蛋白补剂使你感到不适，那么建议最好互换蛋白补剂，这种不适感意味着牛奶类的蛋白质并不适合你，无论是否含有乳糖。

的2倍。当我们在脱脂牛奶中加入一定的糖时，其所含热量已经达到全脂牛奶的水平，但是它对于合成代谢的作用却没有全脂牛奶高。了解全脂牛奶的价值，有助于开发训练后提升合成代谢能力的新方法。

消除奶粉中的脂肪并不是十分有益的行为。当我们最大限度地消除牛奶中的脂肪时，部分储藏于乳脂中的合成代谢生长因子也同时被消除。

乳清蛋白与酪蛋白混合

这种组合方式是为了模仿母乳，即50%的乳清和50%的酪蛋白相混合，富含必要氨基酸（约占氨基酸总量的40%）和BCAA（约占20%）。这种蛋白粉通常由40%的乳清蛋白、45%的酪蛋白和15%的氨基酸组成。因为母乳与牛乳有很大区别，所以这种模仿方式效果并不好。

有人认为如果这种混合方式可以促进新生儿的生长，那么应该也可以促进肌肉的生长，乳清蛋白产生的合成代谢作用以及酪蛋白的长时间抗分解代谢作用可以相互结合（Soop，2012）。

Kerksick在2006年对有训练经验的男性健身爱好者进行了为期10周的肌肉力量训练。其中，第一组每天混合补充40克乳清蛋白、8克酪蛋白，第二组每天混合补充40克乳清蛋白、3克BCAA、5克谷氨酰胺，第三组每天补充48克糖（安慰剂）。在这三组中，只有第一组受试者表现出了明显的肌肉生长效果，其肌肉增加了1.8千克；与其余两组相比，第一组受试者在肌肉力量方面也得到了轻微的提升。

初乳

初乳指雌性哺乳动物分娩后最初产生的乳汁。当然，这里的初乳并不是来源于人类，而是来源于母牛。因为初乳的分泌的时间很短，所以其奶制品价格要高很多。初乳含有大量的生长因子，如IGF，会刺激机体的免疫系统。初乳获取的时间越早，其内的肽含量也就越高，并且价格也就越贵。例如，牛初乳每升含有200～2 000微克的IGF-1，比乳清多20～200倍；相比之下，人类乳清平均每升含有200微克的IGF-1。

合成还是抗分解？

合成蛋白质类蛋白粉由氨基酸和乳清蛋白组成，作用速度较快；而抗分解蛋白粉则指的是含有酪蛋白，可以长时间持续吸收的蛋白粉（Boirie，1997）。与糖类一样，不同的蛋白质种类的消化吸收速度也不一样，与不同氨基酸进入血液速度的不同有关。

前面我们曾经提到，糖类消化吸收速度较快会使血糖水平在短时间内明显升高，刺激胰岛素的大量分泌，又会导致血糖水平随后快速降低，因此容易出现低血糖现象。如果糖类的消化吸收速度较慢，那么便不容易刺激胰岛素分泌，可以较持续地供能。

当我们补充乳清蛋白时，血中氨基酸的水平要比补充酪蛋白时更高。在服用乳清蛋白30分钟后，血中氨基酸水平便会下降到服用蛋白粉之前的水平；相反，服用酪蛋白时，血中氨基酸水平在30分钟后依旧处于较高状态。因此，乳清蛋白适合快速补充，而酪蛋白则更加适

合长时间持续补充。

因为这种消化吸收速度的不同，乳清蛋白粉可以使蛋白质合成代谢提升约68%。注意，这并不等同于说肌肉合成代谢能力被提高了68%。这指的是基础合成代谢，而肌肉代谢只是其中的一部分。对于酪蛋白而言，因为它的消化吸收速度较慢，所以它对于合成代谢的影响较小（31%）。但是，酪蛋白可以使蛋白质的分解代谢降低约34%，而乳清蛋白的这种功效则几乎可以被忽略。因此，我们说乳清蛋白主要用于蛋白质合成，而酪蛋白则主要适用于蛋白质的抗分解。

酪蛋白之所以需要较长时间进行消化吸收，与胃的沉淀作用有关。这种沉淀作用可以使健身爱好者不用像补充乳清蛋白粉一样必须频繁补充酪蛋白，以便保证血液中有效的氨

基酸水平，这也是为何我们推荐在睡前使用酪蛋白的原因。Res在2012年指出，对于健美运动员而言，睡前补充酪蛋白相比空腹睡眠效果更好。与服用安慰剂相比，睡前30分钟补充40克酪蛋白可以使肌肉合成代谢能力提升约22%，有助于促进身体恢复。同样，酪蛋白也可以在饮食蛋白质含量较少时随餐服用，而乳清蛋白因为其能被快速吸收，更推荐在早上起床后或训练结束后补充。

Tipton在2004年表明，与酪蛋白相比，他并不认为在训练结束后补充乳清蛋白具有优势。他对于没有训练习惯的男性和女性进行了研究，一组服用安慰剂，一组服用乳清蛋白，第三组服用酪蛋白，并且都在进行完股四头肌的训练后进行补充。结果证明，第二组和第三组受试者的合成代谢能力都比第一组受试者要高，而第一组受试者则表现了肌肉的分解代谢。

但是，他并没有在第二组和第三组受试者之间发现合成代谢能力的明显不同。理论上来说，第二组受试者的合成代谢能力应该比第三组受试者要高。不过，要注意的是此实验有两个需要我们留意的地方：第一，检测对象是没有训练习惯的人，与经常训练的运动员或健身爱好者相比，他们的合成代谢速度肯定是较慢的；第二，整个训练的量并不大，这与运动员或健身爱好者平时的训练情况不相符。这两件事情容易导致乳清蛋白无法显示出比酪蛋白在训练结束后补充更加优秀的结果。

乳清蛋白可以使运动员处于包好的合成代谢环境，与酪蛋白相比，其亮氨酸水平更高并且消化吸收更快。其次，服用乳清蛋白时胰岛素水平相比酪蛋白时高。运动员的运动水平越高，这两种现象越明显。

同时，这也体现在那些经常从事体力劳动的人身上，与没有训练习惯、经常久坐的人相比，他们更容易感受到这种区别。

对于没有训练经验的男性而言，在进行肌肉力量训练的同时补充牛奶蛋白（训练前10克，训练后10克），持续16周后他们的肌细胞数增多了约63%（Olsen，2006）。而采用同样训练计划的男性，在使用安慰剂时并没有表现出有关肌细胞的任何变化。

与我们食物补充蛋白质不同，直接补充乳清蛋白或酪蛋白会很快表现出它的优点或缺点（视个人情况）。除运动员外，乳清蛋白或氨基酸的快速作用并不会带来明显的积极作用，对于不锻炼的人而言这甚至有可能产生副作用。但是，补剂销售商也列举过很多实例，即与通过食物获取蛋白质相比，普通人谨慎使用蛋白粉类补剂也可以获得更多的好处。

使用牛初乳会一定程度上提升IGF-1的水平。Mero在1997年进行了一项实验：在8天的时间里，第一组运动员补充牛初乳，第二组运动员补充乳清蛋白。结果表明，当牛初乳摄入越多时，运动员血IGF-1的水平越高，而第二组运动员的IGF-1水平则没有明显变化。Mero认为可能是牛初乳中的IGF-1进入了血液，也可能是牛初乳可以促进IGF-1的分泌。这两种情况中第二种情况的概率更高一些，因为牛初乳中的IGF已经在消化吸收的过程中被破坏。

Mero认为使用乳清蛋白粉的运动员的IGF-1水平比服用牛初乳的运动员更高一些。他在2002年的研究中发现，在14天中每天补充20克牛初乳可以使IGF-1水平提高约17%，耐力运动员和女性运动员则分别可以提高约21%和23%。

有很多研究者重新尝试做类似的实验，并未发现IGF水平的明显提高（Kuipers，2002；Buckley，2003）。对于Mero的观点，我们持谨慎态度。

对于牛初乳，有些人认为它是有助于我们肌肉生长的，但对这种观点存在着许多非议。一些未公开的研究指出，牛初乳绝对不是安慰剂；但另一些已经公开的研究结果却呈现了相反的观点。Buckley在2003年指出，运动员在8周的肌肉力量训练结束后获得了一定的力量生长，但是因为价格的关系，每天补充60克的牛初乳并不现实，并且牛初乳也没有表现出对肌肉量的提升作用。

Brinkworth在2004年发现，即使每天补充60克牛初乳，运动员在8周的肌肉力量训练后也没有获得任何肌肉量与肌肉力量的增加。同样，Antonio在2001年也没有发现在8周的肌肉力量训练中，补充20克牛初乳与补充20克乳清蛋白之间有明显的效果差别，肌肉力量也没有明显不同。两组检测结果的不同只是与个人内在情况不同有关，与补剂种类并没有直接关系。

我们再回到牛初乳可以提升IGF水平的问题上。如果这个假设是真的，那么因为IGF水平的提高，肌肉量一定会得到明显提升。因为价格和效果的关系，实际上真的很难推荐大家使用牛初乳。牛初乳却可以帮助运动员解决消化系统和免疫系统的问题，这个我们会在第五章进行讲解。

肉类蛋白粉

肉类蛋白粉一般是通过鸡肉或牛肉制作而成的，建议大家在选择这类蛋白粉时要谨慎。

如果消费者希望像吃一块较好的牛排那样通过牛肉蛋白粉或鸡肉蛋白粉来补充蛋白质是不太可能的，因为它的蛋白质来源是牛肉或鸡肉的边角料，有的甚至还不如快餐中的肉质量好。

肉类蛋白粉中的肉与肌肉并不是一个概念，肉的定义中还包括动物的皮、内脏等。牛肉或鸡肉蛋白粉中的蛋白质很多是来源于鸡的内脏的。

鸡蛋蛋白因为其氨基酸组成和易于消化吸收，长时间以来是很多人的选择。

这些蛋白质富含胶原（我们会在第五章中讲解，胶原对关节有帮助），但对于肌肉生长、肌肉恢复以及运动能力提升没有太大的帮助。尽管如此，这类蛋白粉的价格比较昂贵，并不值得我们购买，因为它们无法替代真正肉类的作用。而至于保护关节的作用，我们更愿意选择牛皮或鸡皮的水解物而不是内脏，后者对于整体健康并不利。

鸡蛋蛋白

在乳清蛋白粉出现前，鸡蛋蛋白粉是比较常见的蛋白质补剂，质量也比较不错。

鸡蛋蛋白富含氨基酸，特别是苯丙氨酸，但价格较高。在今天我们已经很少使用这种蛋白粉，因为它的口感比较咸，让人很难以接受。

鸡蛋蛋白多为液态，在没有办法补充牛奶蛋白质的情况下，这是很多消化系统有问题的运动员的唯一选择。

需要注意的是，无论是粉状的还是液态的，鸡蛋蛋白都含钠较多。

酪蛋白与鸡蛋蛋白混合

在20世纪六七十年代出现了酪蛋白与鸡蛋蛋白混合的蛋白粉，比乳清蛋白（20世纪90年代）要早一些。这种混合蛋白粉的目的在于尽量模仿母乳的氨基酸成分。但是，这种混合蛋白粉在现今已经不再流行，如果你想补充这种蛋白粉，那么一定要注意它的成分含量。事实上，很多这种混合蛋白粉并不是按照50%：50%进行混合的，鸡蛋蛋白的比例会多2%～3%。这也是为何我们需要注意成分含量，很多制造商并不会标明含量的不同。

植物蛋白

植物蛋白粉一般由制作植物油的边角料制成，并不需要使用动物，生产成本较低。这种蛋白粉的味道十分糟糕，在添加糖味剂后能变得稍微好一些，但还是有比较强烈的化学味道。我们对这类蛋白质持保留意见。

大豆蛋白

大豆蛋白与我们前面所提到的蛋白质都不一样，后者来源于动物，而大豆蛋白则十分适合素食者。大豆蛋白富含精氨酸（每100克蛋白质含有8克精氨酸），但是它对合成代谢的作用却要比动物蛋白低一些。

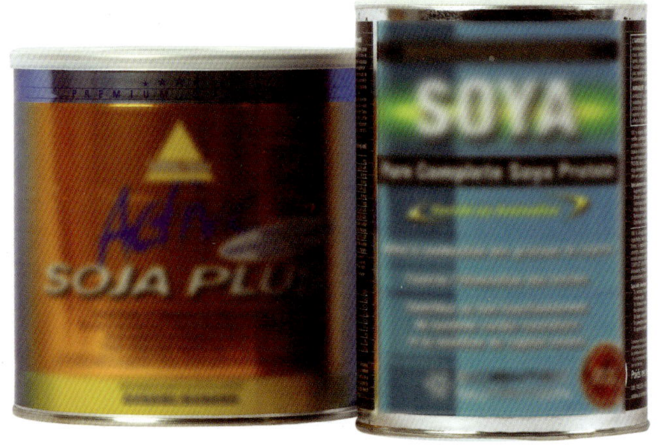

大豆蛋白：是否是运动员的好帮手?

牛奶还是大豆?

与酪蛋白不同，大豆蛋白中的氨基酸消化吸收速度较快，在服用大豆蛋白的2.5小时后，血中氨基酸水平会达到最大值，而乳蛋白是4个小时。这种消化速度过快的现象容易影响消化吸收水平。相比乳蛋白而言，20%的大豆蛋白在消化过程中被破坏（Bos，2003）。乳蛋白的利用率可达92%，可提升合成代谢能力。这个数字在大豆蛋白中则降到78%。这种合成代谢作用的不同会随着不同蛋白质

补剂过期后是否还可以服用？

答案是不可以，但并不是所有的补剂都是一样的。如果直接就把它们扔到垃圾桶里，那么未免会有些心疼。首先，我们要注意它的过期时间是几周、几月还是几年。如果是几年，那么我们坚决不能继续服用。如果它的过期时间并不长并且保存条件较好，那么我们还是可以继续服用的。

相反，如果出现受潮的现象，那么建议不要继续服用，即使没有过期也不要继续使用。例如，如果维生素、Omega-3出现上述情况，是一定不可以继续使用的；而对于蛋白粉、氨基酸或碳水化合物而言，只要没有受潮，那么它们是比较稳定的。

摄入量的增加而区别更大。这些情况表明，大豆蛋白并不是理想的蛋白质补充来源。事实上，大豆蛋白对于肌肉生长还是有一定帮助的。

在一项为期12周的肌肉力量训练的研究中，与使用乳蛋白的年轻男性相比，使用大豆蛋白的年轻男性的力量与肌肉量并未得到明显提高（Philips，2005）。

Brown在2004年对大豆蛋白棒和乳清蛋白棒进行了比较，每个蛋白棒都含有11克蛋白质、26克碳水化合物以及4克脂肪。健身爱好者需要每天补充3次，一天总共可以摄入33克蛋白质。在8周的时间里，有两组健身爱好者分别补充这两种能量棒，还有一组健身爱好者只是进行肌肉力量训练但不补充任何能量棒。结果表明，只进行肌肉力量训练的健身爱好者的肌肉增长了700克，而大豆蛋白棒组健身爱好者的肌肉增长了1.3千克，乳清蛋白棒组则增长了2.1千克。

大豆的特性

因为大豆含有异黄酮（一种雌激素），所以我们在大量、规律使用时一定要十分谨慎。每天补充32克大豆蛋白的男性会有睾酮水平下降的趋势，其体内睾酮水平会在29天内下降约10%（Dillingham，2005）。即使这种下降只是暂时的，但是雌激素水平却会在连续补充57天后出现上升趋势。Borrione在2012年指出，运动员每日补充每千克体重2克大豆蛋白，便会使得雌激素水平上升。睾酮与雌激素比例下降，而运动员希望的则是这一比例可以一直上升。

这些异黄酮可能会提升机体对抗自由基的能力。在一项研究中，男性健身爱好者被分成三组，第一组补充富含异黄酮的大豆蛋白，第二组补充乳清蛋白，第三组补充安慰剂。这三组都会按照每千克体重补充0.6克的方式持续补充1个月。结果发现与第二组相比，第一组的睾酮水平并没有下降，但抗氧化能力却得到了明显提升。这种抗氧化作用也在Brown之前的研究中被证实。

这种保护作用意味着补充富含异黄酮的大豆蛋白，可以在一定程度上减少肌肉的分解代谢。Rossi于2000年进行的一项研究中，一组年轻男性每天补充40克大豆蛋白，另一组年轻男性每天补充40克乳清蛋白，持续3周。结果发现，第一组的抗氧化水平得到了提高，而第二组则出现了下降；在2小时高强度有氧训练中，大豆蛋白使肌肉分解代谢减少了约42%，而乳清蛋白则使肌肉分解代谢增加了38%。

肌肉在训练中被破坏得越少，意味着我们可以进行更高频率的练习，并且有利于身体恢复。这对于多数运动员是一件好事情，但对于希望尽可能增加肌肉量的运动员而言则不然。这种阻止分解代谢的作用解释了为何大豆蛋白对于肌肥大的效果并没有乳清蛋白好，即对肌肉的保护越好，则越难通过肌肉的撕裂与生长获得更多的肌肉。大豆蛋白对女性是很重要的。Stroescu在2001年对奥运会女子体操运动员进行了研究，发现每天补充每千克体重1克大豆蛋白并持续4个月，可以对她们的肌肉产生保护作用。使用安慰剂时，在每天训练4～6个小时的情况下，女性运动员的肌肉出现了下降的趋势。

蛋白质与睾酮是好的搭档吗？

对于肌肉健美爱好者而言，Hulmi在2005年分析了在训练前30分钟补充25克含乳清蛋白与酪蛋白的蛋白粉对激素的影响，发现蛋白质明显抑制了训练时睾酮和生长激素的分泌。因为我们对蛋白质的消化吸收，所以导致了胰岛素而非睾酮或生长激素的增高。

同样，Chandler在1994年指出，与补充安慰剂相比，在训练结束后补充碳水化合物和蛋白质会明显降低睾酮水平；6小时后，睾酮水平才会回到与使用安慰剂相同的水平，胰岛素的大量分泌似乎依然是导致睾酮降低的原因。

Kraemer在2006年指出，在肌肉力量训练结束后补充每千克体重0.3克蛋白质、1.1克碳水化合物以及0.25克脂肪，同样会导致睾酮水平下降。这是因为训练刚结束时肌肉的激素受体数量增加，为了占据更多的受体，必然需要消除睾酮分子，这便会导致血液中睾酮水平降低。但是，占据受体并不能完全解释雄激素水平的下降。

在21天内每天补充2克左旋肉碱和左旋酒石酸，可以导致肌肉中睾酮受体浓度的增加，因此肉碱同样也会导致睾酮水平下降。

Sallinen在2004年指出，摄入过量蛋白质会影响脂肪的摄入，从而对睾酮的分泌起到一定的抑制作用，这对于力量型运动员而言是不利的。补充蛋白质越多时，他们的睾酮水平有可能越低。相反，脂肪的摄入增加会同时导致睾酮的大量分泌。脂肪摄入增多时，睾酮在训练中的作用越明显；而当蛋白质摄入较多时，睾酮在训练中的反应越低。

氨基酸与增肌

氨基酸与合成代谢

氨基酸在合成代谢中起着重要作用。对于不训练的人而言，无论男女老幼，每天补充15克必要氨基酸可以使蛋白合成代谢能力提高60%（Paddon-Jones，2004）。相反，血液中氨基酸水平较低会导致肌肉合成代谢能力受到抑制。肌肉中氨基酸水平增高时，血液中的氨基酸浓度便起到调节肌肉合成代谢的作用。当氨基酸浓度在短时间内剧烈提升时，便会加速肌肉的合成代谢，这是身体为了降低血液中氨基酸水平的一种办法。另外一种办法便是加快氨基酸在肝脏中的分解代谢速度。这种血液中氨基酸过高的现象是暂时的。

氨基酸是如何强化合成代谢的?

规律性训练与氨基酸的摄入有一定的关联，一种氨基酸冲剂可以在3小时内便处于休息状态的男性的肌蛋白的合成代谢能力提升约141%（Biolo，1997）；在肌肉训练结束后立刻补充同样的冲剂，结果显示合成代谢能力提升了291%。同样的现象也出现在使用氨基酸胶囊时。Tipton在2003年对比了健身爱好者与普通人在补充30克必需氨基酸后的区别，健身爱好者在训练前和训练后分别补充，而普通人则是在相同的时间段进行补充。结果显示，与普通人相比，健身爱好者的肌肉合成代谢作用在24小时内提高了约41%。相反，14天内不运动的普通人的氨基酸合成代谢作用下降了20%（Biolo，2004）。因此，规律性训练与氨基酸的合成代谢是有一定关联的。规律性训练使肌肉对氨基酸的合成代谢作用更加敏感，但如果不运动便会出现相反的现象。那么，我们该如何利用这一点呢?

训练结束后立刻服用!

第一个需要注意的便是运动员必须要在训练结束后立刻补充氨基酸!但是需要注意的是，如果你的消化系统无法耐受在训练结束后立刻进食，那么可以在训练结束后稍晚点的时间再进行补充。

在结束一次强度并不高的训练后，男性和女性健身爱好者应补充10克蛋白质、8克碳水化合物以及3克脂肪（Lenvenhagen，2001）。他们中有的会在训练结束后立刻服下，也有的会在3小时后再进行服用。肌肉的合成代谢和葡萄糖的消化会在训练结束后持续6个小时，与较晚服用补剂的健身爱好者相比，较早服用补剂的健身爱好者可使葡萄糖的消化能力提高3.5倍，并且他们的肌肉合成代谢水平在6小时内是较晚服用补剂者的3倍。

如果训练时长较短（低于45分钟），那么在训练前补充蛋白质会更好。这样，当训练结束后你的血液中就含有蛋白质，可以立刻刺激合成代谢。研究表明，在这种情况下，合成代谢的效率提高了近80%（Tipton，2001）。此研究表明，尽可能快速地补充营养是十分重要的。因为在训练结束后的十几分钟内，刚刚训练过的肌肉充血还比较明显，这对于营养运输是十分有帮助的。肌肉充血的现象会很快消失，同时也会降低合成代谢的效率。

相反，如果训练时间较长（超过两个小时），那么在情况允许的条件下，应在训练结束前10～15分钟补充蛋白质。这样有两个好处：

- 消化吸收蛋白质可以抵抗大脑的疲劳。
- 训练结束后，氨基酸便会逐步到达肌肉，提高合成代谢的速度。

氨基酸是否是运动员需要的运动补剂?

高强度训练结束后需要立刻补充蛋白质或糖吗?

糖是运动员需要优先补充的。在肌肉力量训练结束后，我们需要按照每千克体重1.5克糖的标准补充含糖饮料，与单纯补充水相比，这样可以使肌糖原合成速度加快10倍。但是，肌肉力量型运动员与耐力型运动员的需求是不一样的，前者则需要优先补充蛋白质，后者需要优先补充糖。Andersen在2005年通过实验证实了这种差异：在14周内，在不训练的普通男性中，一组每天补充25克蛋白质（含有乳清蛋白、酪蛋白、鸡蛋白和谷氨酰胺），另一组每天补充25克糖，并且都在肌肉力量训练前和训练后进行补充。结果表明，补充糖组的男性的肌肉量并没有任何明显变化；补充蛋白质组的男性，Ⅰ型肌纤维的直径增加了18%，Ⅱ型肌纤维则增加了26%。

此研究结果表明，糖的促进合成代谢的作用是存在的，但是远没有蛋白质明显。部分男性和女性健身爱好者在一次训练结束后，分别补充含有35克碳水化合物的含糖饮料和含有6克氨基酸的含糖饮料（Miller，2003）。结果表明，服用氨基酸的健身爱好者合成代谢反应比服用碳水化合物者提高约34%。但是，当补充糖＋氨基酸时，与只补充糖相比，合成代谢反应提高了约115%。在促进肌肉恢复的方面，蛋白质与碳水化合物有明显的协同作用。

需要注意的是，通过实验还发现，当健身爱好者在1小时后重新补充补剂时，他们的肌肉合成代谢重新得到了提高，并且持续了2个小时。但是，在实验中有一点小小的不同，即上述三组健身爱好者的能量摄入是不同的，只服用氨基酸所带来的能量为24卡，但是服用氨基酸和糖所带来的能量却是164卡。研究者认为，对于训练后提升合成代谢能力而言，蛋白质的摄入而非热量是第一位的（Levenhagen，2002）。

是否可以将蛋白质和糖混合在一起补充？

根据我们前面提到的一些实验，我们能够发现将蛋白质和糖混合补充是比较好的选择。但是，我们经常会听到有人说，蛋白质和糖混合补充容易导致消化系统受损，因为氨基酸的消化吸收需要酸性环境，而碳水化合物的吸收则需要碱性环境。医学研究者最近驳斥了这一观点。他们认为，当蛋白质和糖一起补充时可以使氮得以更好地被保留。例如，对于不训练的男性而言，补充30克酪蛋白可以保留约80%的氮（Gaudichon，1999）；当加入100克糖后，便可以保留约85%的氮。事实上，同时补充糖会对氨基酸起到一定保护作用：

- 胰岛素的大量分泌促使这两种营养物质组合在一起。
- 碳水化合物会延缓蛋白质的吸收。

增肌粉便是很典型的混合蛋白质和碳水化合物的营养补剂。

增肌粉

增肌粉富含糖，含有大量的能量以及20%～30%的蛋白质。为了降低制作成本，里面的蛋白质和碳水化合物的质量并不特别高。

增肌粉的使用价值存在一定争议。有的人认为只有运动员在饮食水平较差时，才会需要补充增肌粉。出现肌肉不足或体重较轻的原因，一般与我们吃得不够多有关。对于有些十分瘦弱的人而言，他们可能有某些摄食方面的疾病，此时增肌粉才会显示出它的价值。其他人在使用增肌粉时，最好应谨慎。

开始肌肉力量训练时，机体会消耗额外的热量，增肌粉可以直接为我们提供碳水化合物和蛋白质来供能，但这些营养物质也可以直接从普通食物中摄取。

Rozenek在2002年对能量摄入与消耗不平衡的问题进行了研究。部分男性健身爱好者进行8周的肌肉力量训练，在实验前他们每天补充2 500卡。实验开始时，他们每天的卡路里摄入会增加70%：第一组会补充106克蛋白质＋356克碳水化合物，第二组则只补充462克碳水化合物，第三组则什么都不补充。

在8周练习结束后，第三组健身爱好者的脂肪含量因为能量摄入小于消耗出现了一定程度的降低。当然，这也意味着他们的瘦肌肉增长幅度较小，只有1.4千克，与前两组补充额外热量的健身爱好者相比要少一些；与只补充碳水化合物的第二组健身爱好者相比，补充蛋白质＋碳水化合物的第一组健身爱好者在肌肉量和肌肉力量的上都有了一定程度的提高。

蛋白质类补剂是十分常见的一种补剂，使用时必须注意其蛋白质和碳水化合物的含量。

增肌粉会不会在增长肌肉的同时带来更多的脂肪增长呢?

增肌粉不仅会带来能量，在训练开始前和训练结束后使用的效果不同。在训练前开始前使用，它会提供能量以帮助我们更好地进行训练，延缓疲劳的出现；在训练结束后使用，它会促进合成代谢和肌糖原的恢复。研究表明，它可以促进胰岛素的大量分泌，特别是IGF-1（Kraemer，1998）。但是，它对于整体睾酮水平有抑制作用，这是由胰岛素水平提高了约500%所导致的，胰岛素水平的提高会导致睾酮短暂降低。Carnoia在2012年指出，对于不训练的人而言，补充75克糖会使血液中的睾酮水平降低25%并持续2个小时。

当然，增肌粉的作用也并非丝毫没有局限。例如，在一项研究中，年轻的男性健身爱好者每天补充碳水化合物（190克麦芽糊精，每天补充3次，一天可以增加760卡的能量摄入）或增肌粉（290克碳水化合物＋60克蛋白质，每天补充2次，总共一天可以增加1 500卡的能量摄入），持续28天（Kreider，1996）。在第一周时，增肌粉组男性健身爱好者肌肉量的增长速度相对较快（比碳水化合物组多增长近700克）。但是在2周后，这两组的情况接近，因为增肌粉组基本已经达到了极限，而碳水化合物组则刚开始产生作用。在28天结束时，两组男性健身爱好者的肌肉增长情况比较接近，都是差不多700克。但是，增肌粉组增加了700克脂肪，而碳水化合物组则相对稳定。

过食摄入的确会使肌肉变得更加粗壮，但是机体的新陈代谢却似乎并没有对这种能量的过度摄入做好准备，机体能量的消耗增加微乎其微。例如，当男性在自己原有的饮食基础上突然增加1 000卡的能量摄入时，他们每日的能量消耗在第一周会额外增加18卡（Harris，2006）。这种摄入与消耗之间的不平衡会导致机体脂肪含量的增加，这对于运动员而言并不是一件好事。研究表明，体脂率提升对于增肌和力量增长都会起到抑制作用（Kelsey，2004）。

如何使用增肌粉更加健康并且更高效?

增肌粉最大的优点在于比较便宜，这是由于它的组成成分品级较低的缘故（一般含钠酪蛋白、浓缩乳清、糖）。选择增肌粉时，一定要注意挑选品质较好的，并且要注意蛋白质和碳水化合物的含量比。一般的增肌粉中碳水化合物含量比蛋白质高，这只是由于碳水化合物比蛋白质成本更低的缘故。

好的增肌粉会含有分离乳清蛋白（如果希望持续吸收，那么可以使用分离乳清蛋白+酪蛋白），碳水化合物的组成则会由谷物（大麦、燕麦或荞麦）替代普通的糖粉。与普通的糖粉相比，谷物不仅含有能量，同时还可以补充矿物质和维生素，特别是膳食纤维，是相对来讲更健康的糖的来源。如果想减少糖的摄入，那么可以使用杏仁粉替代，后者并不完全属于谷物。

是否有必要在补充蛋白质的同时补充氨基酸?

如果我们补充了很多蛋白质，那么似乎就没必要在加入过多的氨基酸。但是，越来越多的研究表明，增加氨基酸的摄入量可以提升机体合成蛋白质的能力。这种改变主要是因为两种新陈代谢的现象而形成的：

▶ 氨基酸的吸收速度比蛋白质要更快，一起服用时并不存在吸收时互相竞争的现象。

▶ 氨基酸可以使蛋白质的BCAA含量更加丰富，特别是亮氨酸，年长的人更需要多补充亮氨酸，这样可以获得与年轻人相似的合成代谢作用。随着年龄的生长，人体肌肉对蛋白质合成作用的敏感度会逐渐下降，增加亮氨酸摄入在一定程度上可以解决这一问题。

例如，对于经常活动的男性而言，每天应在三餐的基础上补充70克蛋白质；如果每餐额外补充15克必需氨基酸，那么便会使他们自身的肌蛋白合成代谢效率提升约25%并持续约24小时（Paddon-Jones，2005）。事实表明，增加氨基酸的摄入的确会提升机体的合成代谢能力。此研究存在一个不足之处，即蛋白质的摄入量过低；当蛋白质摄入增多时，氨基酸的作用便会变得边缘化。

在训练结束后补充含较多亮氨酸的蛋白质同样可以带来许多好处。在一项研究中，在肌肉力量训练结束后，将没有训练习惯的男性分成三组，分别补充三种不同的饮料（Koopman，2005）。他们会在6小时内每30分钟补充一定量的饮料：

▶ 第一组补充50克碳水化合物

▶ 第二组补充50克碳水化合物＋33克乳清蛋白

▶ 第三组补充50克碳水化合物＋33克乳清蛋白＋16克亮氨酸

在分解代谢方面，补充碳水化合物＋乳清蛋白的方式比只补充糖可使分解代谢约50%；而在加入亮氨酸后，这个数值则变为62%。第一组的男性在6小时还处于分解代谢阶段，而使用乳清蛋白组（第二组）的男性已经处于合成代谢阶段，并且这种情况在第三组更明显。乳清蛋白本身含约10%的亮氨酸，但对于保证运动员的理想恢复而言是远远不够的。研究表明训练后的机体合成代谢水平与亮氨酸水平之间有明显关系：亮氨酸量越多，合成代谢反应越强。

注意!

与只补充碳水化合物相比，乳清蛋白的加入会使得机体合成代谢能力提高约34%；而同时补充碳水化合物、乳清蛋白以及亮氨酸，则可以使机体合成代谢能力提高约55%。

研究表明，越来越多的蛋白粉中添加了BCAA或亮氨酸，与单纯使用安慰剂相比效果明显。例如，对于不训练的男性和女性而言，他们在一次肌肉力量练习后的合成代谢反应如下：

- 第一组使用100克的液态糖。
- 第二组使用77克糖＋5克氨基酸＋17克浓缩乳清蛋白粉。

在3小时内，第一组仅能够合成6克肌肉，而第二组则可以合成18克肌肉（Borsheim，2004）。但是，这种现象是否会在较长的时间内依旧保持呢？下面这项研究可以很好地回答这个问题。

在8周的时间里，年轻的男性健身爱好者会针对腿部进行肌肉力量训练（Coburn，2006），其中一组补充20克乳清蛋白粉＋6.2克亮氨酸，另一组只补充碳水化合物（安慰剂）。两组健身爱好者都会在训练前后进行补充。结果表明，乳清蛋白粉＋亮氨酸组的力量增加了约31%，而安慰剂组则只增长了约24%。同时，乳清蛋白粉＋亮氨酸组的肌纤维增粗了约7.3%，而另一组则只增粗了约4.5%。此实验表明，当补充的乳清蛋白粉中富含亮氨酸时，健身爱好者的合成代谢能力得到了更好地提高。

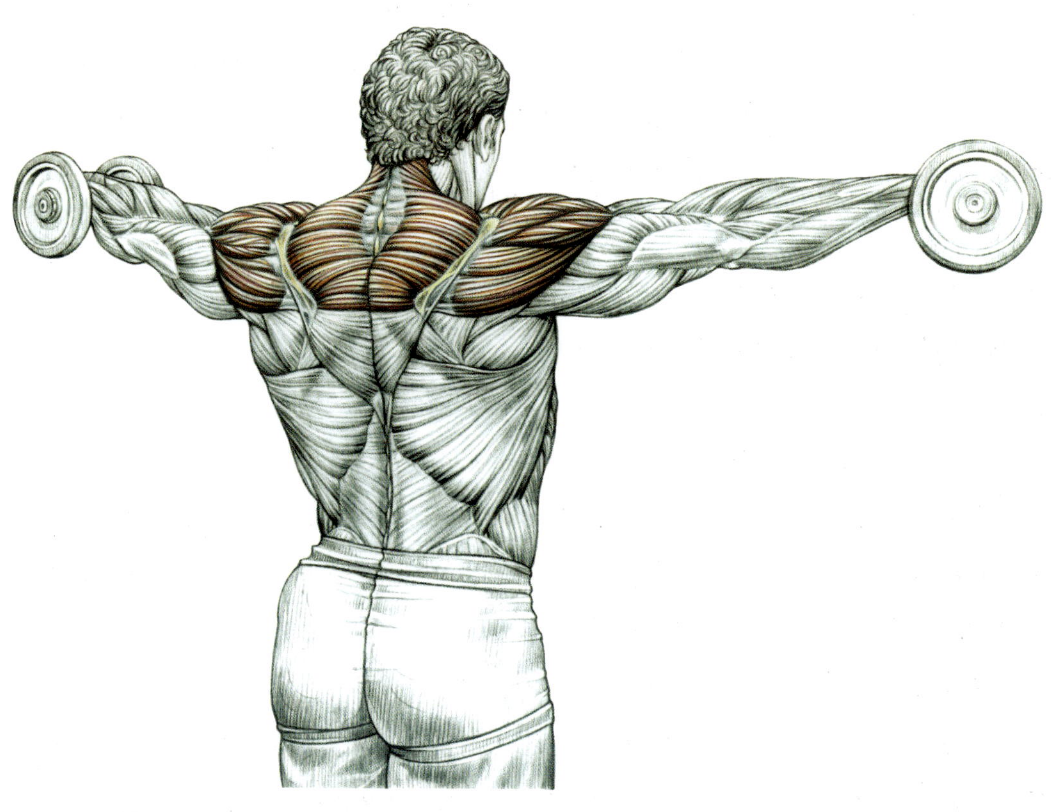

氨基酸补剂与运动表现力

氨基酸同样可以单独服用，下面我们便会列举一些有关的研究。我们发现有些研究是同时补充必要氨基酸 + 非必要氨基酸的，但是近年的研究表明一般只补充必需氨基酸即可，并不用补充非必需氨基酸。

Anotonio在2000年指出，让没有训练经验的女性开始进行肌肉和耐力训练，并且每天补充18克氨基酸并持续6周，她们的耐力和肌肉力量水平都得到了提高，远高于使用安慰剂的女性，后者没有身体成分的改变或力量水平的提高。

Kraemer在2006年指出，当年轻的运动员进行肌肉力量训练时，他们需要连续4天每天都对相同的肌肉群进行练习，使肌群彻底疲劳而未能恢复。在第五天时，对运动员的力量进行检测，并且在周末休息。第二周的训练强度相比第一周更高，2周之后训练量逐渐下降。研究者使用这种安排方式的原因在于尽可能使运动员模拟比赛时的情况，即比赛强度较高且恢复时间较短。

其中一组运动员只服用安慰剂，另外一组运动员则根据每千克体重0.4克的标准补充必要氨基酸，平均每天补充35克的氨基酸。这些氨基酸会被分成四部分进行补充，在餐前至少1小时或餐后至少2小时，以及训练前和训练后进行补充，目的是为了使身体可以全天都得到氨基酸的补充。尽管两组中有一组会补充大量的氨基酸，但是整体的营养摄入是差不多的，特别是在蛋白质摄入总量上。唯一有区别的地方是在于氨基酸组会分餐补充蛋白质。这种全天候的补充比安慰剂组要好，这也让研究出现了一点偏差。

两组最大的区别便在于氨基酸的摄入上。要注意的是，安慰剂组也会摄入与氨基酸组相同的蛋白质。此外，对于业余运动员而言，整体饮食补充所花费的价格也是十分重要的，如是否可以使用生物品质极高的乳清蛋白替代氨基酸，同时还具备一样的效果。

在第一周里，安慰剂组的运动能力因为训练量的关系出现下降，而氨基酸组则没有出现下降。在第二周，安慰剂组的力量水平回到了这次训练开始前的状态，但氨基酸组的力量水平却超过了这次训练开始前的状态。安慰剂组的力量水平直到第三周才开始出现一定程度的提高。

在第一周里，因为整体训练量较大，所以两组运动员的肌肉分解代谢水平都得到了明显的提升，但氨基酸组却表现为分解代谢的水平受到了一定程度的限制：他们的分解代谢水平增加了7倍，而安慰剂组则增加了13倍。在第二周时，两组的分解代谢水平便恢复正常。Kraemer认为在肌肉分解代谢水平增长与腿部力量流失之间存在着极大的关联。在第三周，服用安慰剂组有睾酮下降的趋势，而服用氨基酸组则睾酮水平较稳定。安慰剂组的睾酮活跃度呈下降趋势，而氨基酸组的睾酮活跃度的下降幅度则是安慰剂组的一半。

在第四周，氨基酸组的睾酮水平比安慰剂组要高一些，提示这种补充方式存在积极作用。氨基酸的补充使两组运动员在训练量较大的前两周产生了区别；而当训练量减少时，氨基酸便失去了它的一部分价值。

在训练强度较高时，我们便会发现补充氨基酸的必要性。氨基酸补剂含有必需氨基酸，以及谷氨酰胺、精氨酸、脯氨酸。在2001年Sugita的一项研究中，年轻的高水平足球运动员会在连续90天每天补充上述补剂7.2克。45天后，有一半的年轻运动员感觉到自身的身体恢复情况变得更好。90天以后，23名运动员中有22人感受到身体状态的改善和体能的提高，这与氨基酸所带来的红细胞数的增加有关。

在2001年Sugita另一项研究中，部分长跑运动员在一个月里按照每千克体重2.2克、4.4克或6.6克三种标准补充上述氨基酸补剂。最好的运动成绩是在补充量多的运动员中产生的，补充 2.2克的运动员没有产生任何的变化。对于补充量多一组的运动员而言，其肌肉分解代谢也明显降低。

对于没有训练经验的男性而言，连续10天每天补充11.2克氨基酸可以加速在肌肉力量训练结束后的肌肉恢复（Sugita，2003）。

但是，我们不能忽略一个事实，即许多研究表明补充氨基酸对肌肉量并没有明显影响。此外，即使它们补充起来非常方便，但是无论是胶囊还是粉状的氨基酸，与蛋白质相比要贵许多，特别是当我们按照上述标准进行补充时。

单独补充氨基酸

将氨基酸加入别的补剂中混合补充是比较常见的方式，但同样也可以单独补充氨基酸，这可以帮助我们更好地集中解决饮食中缺少氨基酸的现象。

BCAA

1. BCAA的新陈代谢

BCAA，即支链氨基酸，由三种必需氨基酸组成：亮氨酸、异亮氨酸、缬氨酸。BCAA是肌蛋白的组成部分，但是机体却没有可以生产BCAA的酶，只有通过饮食才可以满足机体对BCAA的需求。

2. BCAA的作用

在这三种氨基酸中，虽然亮氨酸对于合成代谢的影响最大，但是它也需要其他两种氨基酸的配合才可以持续发挥作用。

BCAA可以提升常见的运动表现力

没有训练习惯的健康人卧床6天并且每天补充25克BCAA，蛋白质其合成代谢会下降，每天补充50克而不是25克BCAA则可以使蛋白质的合成代谢水平保持稳定（Stein，1999）。BCAA摄入量成倍增加，机体蛋白质的流失减少20%，并且对于肌肉生长和肌肉恢复有一定的作用。运动员对于BCAA十分感兴趣，后者同样可提供能量，对于提升耐力水平有一定帮助。

3. 训练与BCAA水平

与其他大部分氨基酸不同，亮氨酸在训练中可以被当成能量来源。对于力量型运动员而言，5周的高强度训练可以使他们的BCAA整体水平下降约20%，其中亮氨酸下降17%，异亮氨酸下降21%，缬氨酸下降17%（Mero，1997）。即使他们摄入的蛋白质比普通人多50%（每千克体重补充1.26克蛋白质），这种现象也依旧存在。当他们开始每天补充每千克体重50毫克亮氨酸时，亮氨酸水平下降的现象可得到一定程度的抑制，而异亮氨酸和缬氨酸的水平并没有因亮氨酸的额外补充停止下降，分别下降至25%与21%。这种现象表明，必须要同时补充三种氨基酸而不是只补充亮氨酸。

Karlsson在2004年对上述研究进行了扩展，对部分有多年肌肉力量训练经验每周进行1～2次训练的男性，在训练前、训练中以及训练结束2小时后分别检测其血液中BCAA的水平。结果表明，他们的亮氨酸水平在训练过程中下降，在训练结束后90分钟最多可下降20%。同时，缬氨酸会下降13%，而异亮氨酸则会下降25%。

许多研究表明，在强度较低的耐力训练过程中，BCAA的水平保持相对稳定。但是要注意的是，前面提到BCAA水平的降低会在随后的一段时间内出现。对于自行车爱好者而言，当他们在70%最大摄氧量进行1小时的骑行训练时，其血液中的BCAA在训练过程中以及训练结束时增长了18%，随后便会突然下降（Blomstrand，2001），只不过这种波动幅度较小。这种情况在更长时间的训练中更明显。例如，在30千米的训练之后或对于马拉松运动员而言，其血液中BCAA的水平会明显下降（Blomstrand，1992；Matsubara，1999）。

4. BCAA对于力量型运动员的价值

Karlsson于2004年通过研究指出，与使用安慰剂相比，在肌肉力量训练前、训练中、训练后补充BCAA可使机体合成代谢能力提高3.5倍。安慰剂组受试者在训练结束时，其合成代谢进程还未开始；而服用BCAA的被检测者此时的合成代谢已经十分活跃。此研究表明，训练与BCAA具有相互协同的作用，对于训练结束后合的成代谢水平具有一定的影响。BCAA的存在使机体合成代谢水平得到全面提高。

这种短期内的提升作用对于肌肉的长期生长是有帮助的。Candeloro在1995年的研究中指出，没有训练经验的男性每天补充14克BCAA并持续进行1个月的训练，其肌肉量增长了800克，脂肪减少了700克。但是，此研究并设立安慰剂组进行对比，因此无法确定是否是BCAA的效果，但是它的增肌效果还是比较明显的。

对有至少2年肌肉力量训练经验的人在训练前和训练后分别补充7.5克的BCAA，并且持续进行8周的训练（Ganzit，1997），其体重在测试结束后增加了1千克；而使用安慰剂的一组的体重则增加了750克。BCAA组消耗了4.5千克脂肪，而安慰剂组则只消耗了500克脂肪；BCAA组的腿部力量水平提升了22%，而安慰剂组提升了18%；BCAA组上半身力量水平提高了5.6%，而安慰剂组提高了2.6%。

5. BCAA对于耐力型运动员的价值

Blomstrand在2001年指出，自行车运动员在训练前、训练中以及训练后补充富含BCAA的饮料，与只服用安慰剂相比，可以更好地保护肌肉。

游泳运动员每天补充12克BCAA来防止在训练结束后的肌肉分解代谢。在600米自由泳比赛结束后的24小时内，他们的身体恢复速度明显加快。

在登山运动中，缺氧与体重丢失有一定的关联，同时会出现肌肉和脂肪的流失。Schena在对海拔3 000米左右进行登山运动的运动员进行了研究，在21天的时间里，他们中的部分人每天补充11.5克蛋白质，部分人则使用安慰剂。与一般运动相比，登山运动的热量消耗增加了4%。安慰剂组体重降低2.8%，而BCAA组体重则降低了1.7%；BCAA组的脂肪消耗比安慰剂组更多，后者是10.3%而前者则是11.7%；BCAA组肌肉增长了1.5%，安慰剂组则没有明显变化；BCAA组的手臂肌肉量增长了4%，而安慰剂组则减少了6.8%。

登山运动会消耗更多的热量。

对于皮划艇运动员而言，持续6周每天按照每千克体重补充45毫克的标准补充亮氨酸，可以提升他们血液中BCAA和亮氨酸的水平（Crowe，2006）。BCAA可以帮助运动员将身体疲劳所带来的运动能力下降70%的现象推后4分钟。与服用安慰剂的皮划艇运动员相比，BCAA可以延缓疲劳的出现。服用BCAA的运动员力量增长比服用安慰剂的运动员要高，但此研究中没有有关肌肉量的明显变化。

6. 如何使用BCAA?

与其他氨基酸在到达我们肌肉前已经被分解不同，我们消化系统以及肝脏分解BCAA的能力都相对较弱。口服BCAA可以很轻松地提高我们血液以及肌肉中BCAA的水平。例如，男性口服补充7.5克BCAA，2.5小时后血液中BCAA水平是之前的2倍（Karlsson，2004）。这种现象会持续一段时间，同时伴有肌肉中BCAA水平的增高。每千克体重补充308毫克BCAA；可以使肌肉中BCAA水平提高65%（Van Hall）。BCAA可以在训练前、训练中、训练后以及随餐时补充，夜晚同样可以。

天然补剂与合成补剂

如果说蛋白粉、Omega-3或糖是建立在天然食物基础之上的，那么维生素、氨基酸（包含肌酸、肉碱）、咖啡因则属于通过合成获取的。

自然补剂让人放心，但有的也让人感到害怕。例如，有的谣言称牛磺酸提取自公牛的精液，虽然后者中的确存在牛磺酸，但如果为了满足全世界对于牛磺酸的需求，从动物皮肤或体液中提取牛磺酸的话，那么所需要的公牛数量会超过我们星球所能容纳的极限，并且价格会十分昂贵。

很多氨基酸如肌酸、牛磺酸都是通过化学方式提取的；如果通过牛肉提取，那么它们的价格会变得十分昂贵。很多氨基酸都可以通过多种方式获得，如BCAA可以由头发、毛提取，也可以通过发酵合成。

植物类的分子基本都是通过化学合成产生的，使用者认为这与植物是一样的，进而认为植物类补剂是天然补剂，咖啡因就是其中的典型代表。另外的例子体现在甜菊属（一种糖精），如果想从它的天然形态中进行提取，那么不仅难度很大、成本很高，同时还会使它的味道变得很差，进而影响使用。如果使用特殊的方法合成甜菊属分子，便只会保留它的甜味，并不会使它有糟糕的味道。近来，合成甜菊属分子的成本已经越来越低并且效率越来越高，它开始替代糖出现在碳酸类饮料中。但是，当我们销售这种糖精时，我们还是会说它是纯天然的。同样的例子包括天门冬氨酸和增甜剂。

天然形成与化学合成之间的边界是比较模糊的，我们很难提前知道这是好还是坏。销售商越来越少会提及补剂是来自于天然还是通过化学合成的，这种情况在世界各地均十分常见。对于消费者而言，唯一可以确定的是如果补剂中的分子是天然形成的，那么制造商一定会注明。如果他们对此含糊不清，那么则几乎可以肯定化学合成的。

谷氨酰胺

1. 谷氨酰胺的代谢

谷氨酰胺属于条件必需氨基酸的一种。对于进行规律训练的运动员而言，他们需要把谷氨酰胺当成必要氨基酸进行补充，因为机体合成谷氨酰胺的能力远远无法满足我们对谷氨酰胺的需求。我们的肌肉与谷氨酰胺合成总量的70%有关，BCAA（见第86页）是谷氨酰胺的前体。

谷氨酰胺是一种人体内含量较丰富的氨基酸，它占肌肉中游离氨基酸的三分之二。Kuhn在1999年发现这个比例有所降低，不过即使如此，我们也能够发现谷氨酰胺所扮演的重要作用。肌肉中的游离谷氨酰胺与蛋白质的合成能力有直接联系，谷氨酰胺在肌肉中的比例越高，肌肉合成代谢的能力也就越强。研究表明，肌肉中谷氨酰胺水平的降低会使蛋白质的合成速度降低约11%。

Haussinger在1993年进行了一项十分出名的研究，指出合成代谢受细胞水合作用影响：当细胞水合越强时，合成代谢能力也就越高。而谷氨酰胺是影响细胞水合的重要物质之一。

2. 谷氨酰胺的机制作用

根据前面我们提到的，谷氨酰胺可以直接刺激蛋白质的合成代谢，同时它还具备其他一些间接作用。例如，对于不训练的人而言，口服2克谷氨酰胺90分钟后，其生长激素分泌水平提高了4倍（Welbourne，1995）。同时，2克的谷氨酰胺可以促进酸性物质自肾脏排除，并且由于碳酸氢盐的水平提升。这可以使规律性训练后身体恢复的速度加快，同时延缓在较长时间的训练中疲劳的出现。但是，谷氨酰胺会减少对脂肪的搬运并且限制对能量的使用。

3. 训练与谷氨酰胺水平之间的关系

训练会使体内的谷氨酰胺水平会发生改变。Keast在1998年指出，训练强度越高，血浆中谷氨酰胺的水平便会越低；在最高训练强度状态下，谷氨酰胺水平会下降约55%。Rohde在1998年指出，谷氨酰胺水平下降并非在训练结束后会立刻出现，马拉松运动员在结束马拉松90分钟后出现了谷氨酰胺水平下降的最大值；2小时后，此数值并没有重新上升。

Hiscock在1998年指出，并不是所有运动员的谷氨酰胺水平都相同。血浆中谷氨酰胺水平最高的是自行车运动员，而游泳运动员和从事力量运动的运动员血浆中的谷氨酰胺水平最低。但是，每位运动员都需要注意补充更多的蛋白质。

对于Kingsbury在1998年的研究而言，除了类型的不同运动外，运动员的疲劳程度也会影响其谷氨酰胺水平。他对正在准备奥运会的运动员进行了研究：

▶ 对于状态正常的运动员而言，其谷氨酰胺水平整体比较正常，但是距离下限标准比较接近。他们每升血浆中有554摩尔谷氨酰胺，而正常的标准是每升480～800摩尔。10%的受检测者位于下限标准以下。

▶ 对于比较疲劳，但是可以在24小时内恢复正常的运动员而言，其谷氨酰胺平均水平为每升356摩尔，并且所有的运动员都位于正常最低标准以下。

▶ 对于有明显过度训练感的运动员，其谷氨酰胺水平与之前相比比较类似，约为383摩尔每升。95%的运动员位于正常最低标准以下。最后两组的区别在于当他们处在训练结束后的恢复阶段时，过度训练的运动员的数值一直较低，而有短暂疲劳感的运动员则可以恢复正常水平。

▶ Kingsury同时指出，在训练开始前所有运动员的数值都在480摩尔每升以下；在训练结束时，有80%的人回到了这个水平。

根据Smith在2000年的研究，谷氨酰胺水平较低意味着训练量过大。对于国际级投掷类运动员而言，他们在高强度训练中谷氨酰胺水平会降低约10%。相反，血浆中谷氨酸的升高（另外一种氨基酸）则意味着恢复能力的欠缺。谷氨酰胺与谷氨酸相比较低，提示训练过度。

登山运动员对谷氨酰胺的需求量明显增加。对于耐力型运动员，在进行3周的登山训练后，血液中谷氨酰胺的水平会降低约19%（Bailey，1998）。这种现象可以部分解释为何在登山运动中出现的消化和呼吸问题会比在水中进行同样容量的训练增加50%。

4. 谷氨酰胺对于提升运动表现力的价值

谷氨酰胺对于运动员的实际作用很难表述。Haub与Antonio没有证明运动员在补充谷氨酰胺后表现出运动表现力的提升。Candow在2001年指出，在6周肌肉力量训练结束后，年轻的健身爱好者并没有因为补充谷氨酰胺获得力量和肌肉量的提升。Thistlethwaite在2005年证实了这一观点。

搏击运动员在连续12天补充较多的能量并每天补充25克谷氨酰胺后，并没有出现任何脂肪减少或肌肉量增加的现象（Finn，2003）。只有Piattoly在2004年指出，与只补充糖相比，运动员在训练结束后补充每千克0.3克谷氨酰胺＋糖可以使促进身体恢复效果更佳。

5. 如何使用谷氨酰胺?

我们尝试使用谷氨酰胺，以便促进机体的合成代谢。不过，提高肌肉中谷氨酰胺的水平是十分困难的，即使采用输液的方法同样也很困难。例如，Mittendorfer在2001年指出，口服5.8克谷氨酰胺可以使血浆中谷氨酰胺的水平增加20%，但是对于肌肉中的谷氨酰胺水平却没有任何影响。

谷氨酰胺独有的重要潜在价值，很难体现在具体运动员身上。

此外，这种情况也同游离谷氨酰胺（左旋谷氨酰胺）的吸收效果较差有关。Ziegler在1996年指出，约85%的以口服方式补充的左旋谷氨酰胺为肝和肠道所阻断而未能被吸收。在肠道中，谷氨酰胺被阻断、利用或破坏（Bowtell，1999）。我们的消化器官，即肠道，以及免疫细胞十分需要谷氨酰胺，这是它们十分喜欢的能量来源。谷氨酰胺在保护运动员消化系统以及免疫系统健康方面发挥重要的作用。

为了减轻相关消化吸收的问题，越来越多的补剂含有谷氨酰胺肽，小麦蛋白富含大量的谷氨酰胺肽（含有25%的谷氨酰胺）。

还有一些办法是可以在不摄入谷氨酰胺的情况下提高肌肉内谷氨酰胺水平：

- BCAA可以使肌肉生产更多的谷氨酰胺（Aoki，1981）。
- 在训练时补充糖，可以减少谷氨酰胺水平的降低。

精氨酸

1. 精氨酸的新陈代谢

对于不训练的人而言，精氨酸属于半必要氨基酸；但是对于刻苦训练的运动员而言，应当将精氨酸视为必需氨基酸。精氨酸可以通过谷氨酸、脯氨酸或谷氨酰胺合成。谷氨酰胺是精氨酸的前体，但是其转化效率相对较低，这并不足以满足机体对精氨酸的需求，特别是在肌肉力量训练中，相关需求量大增。

从食物中补充精氨酸是十分重要的，即使对于不训练的人来讲同样如此。饮食中缺少精氨酸，会使得我们的血浆水平在6天后下降约20%（Castillo，1995）。精氨酸摄入多少的区别会影响瓜氨酸与精氨酸的转化。如果摄入较少，那么便不会使这种合成的速度加快。

2. 精氨酸的作用机制

精氨酸最大的作用在于促进生长激素（GH）的分泌，后者是一种可以促进肌肉生长同时减少脂肪的激素。此外，它还可以提升一氧化氮（NO）水平并促进肌酸的合成。一氧化氮可以提升合成代谢能力以及肌肉的氧合作用，作为肌酸的前体，同时可以提高机体合成肌酸的能力，有助于力量增强并且加速身体恢复。精氨酸还可以起到一定的预防疲劳以及促进代谢废物（如在训练时产生的大量的氨）排出的作用。

小麦蛋白富含谷氨酰胺。

3. 训练与精氨酸水平的关系

中等强度的训练与血液中精氨酸水平的升高有一定关系，强度极高的训练反而有可能会导致血浆中精氨酸水平降低。对于职业的自行车运动员而言，他们在一次比赛后精氨酸水平会下降约21%（Medelli，2003）。对于力量型运动员而言，在90分钟的肌肉力量训练结束后，其精氨酸浓度会下降约15%（Pitkanen，2002）；在持续进行5周高强度训练后，他们的精氨酸水平会下降近19%（Pitkanen，2002）。

4. 精氨酸对于力量型运动员的价值

对20名举重运动员进行了一次研究，他们每天补充12克盐酸精氨酸并持续1个月。结果表明，他们中的大部分人的体重都有了一定的增加（Lacroix，1981）。在训练结束后，他们心脏功能明显加快，并且力量提升速度加快。Boudjemaa在1989年指出，每天补充3克盐酸精氨酸并持续几个月，可以使举重运动员的运动表现力平均提高约38%。在2项研究中，两位研究者都分别发现精氨酸有助于力量提升，可以加快肌肉的合成代谢速度。

Leglise在1970年进行了一项研究，50名年轻运动员每天补充3克精氨酸，并且进行强度较高的训练，但是他们并没有感受到明显的身体和精神疲劳。在持续进行20天的练习和补充后，他们身体疲劳的征兆明显减弱，身体恢复能力得到了明显的改善。

上述三项研究都缺少安慰剂组，因此很难确定精氨酸与训练之间的关系。

Elam在1989年的研究中指出，与使用安慰剂的一组不同，每天补充1克精氨酸与1克鸟氨酸，持续进行5周肌肉力量训练的男性可更快获得肌肉量和肌肉力量的提高。同时，精氨酸还可以降低分解代谢，这对于促进身体恢复是十分有帮助的。

Elam在1998年进行了一项研究，没有训练习惯的人开始进行5周的肌肉力量训练，部分人每天补充1克精氨酸与1克鸟氨酸，部分人只使用安慰剂。结果表明使用精氨酸与鸟氨酸的人体脂率降低超过8%，而使用安慰剂的人则只降低了约2%。使用精氨酸与鸟氨酸的人全身主要肌肉围度总共增长了56厘米，而使用安慰剂的人则只有45厘米。

Waleberg-Rankin在1994年进行了一项研究，健身爱好者持续10天每天补充每千克体重0.2克的盐酸精氨酸，另外一部分健身爱好者则只使用安慰剂。结果表明，与使用安慰剂的一组相比，使用精氨酸的一组并没有出现脂肪减少的现象，也没有出现GH或IGF-1水平增加。对于两组健身爱好者而言，因为需要比较严格的控制能量摄入，所以他们的力量水平都有了一定程度的降低。这一研究结果可能意味着精氨酸的摄入量过低，无法有效提高血液中精氨酸的水平。需要进行新的研究，用来证明精氨酸对力量型运动员的价值。

5. 精氨酸对于耐力型运动员的价值

在一项研究中，长跑运动员和中长跑运动员持续4周每天补充15克精氨酸与天冬氨酸。结果表明，他们的力量/耐力水平提高了约20%，而使用安慰剂的运动员则仅提高了约6%（Gremion，1997）。补充精氨酸与天冬氨酸的一组不仅耐力水平得到了一定程度的提高，同时乳酸水平也降低了（Gremion，1989）。

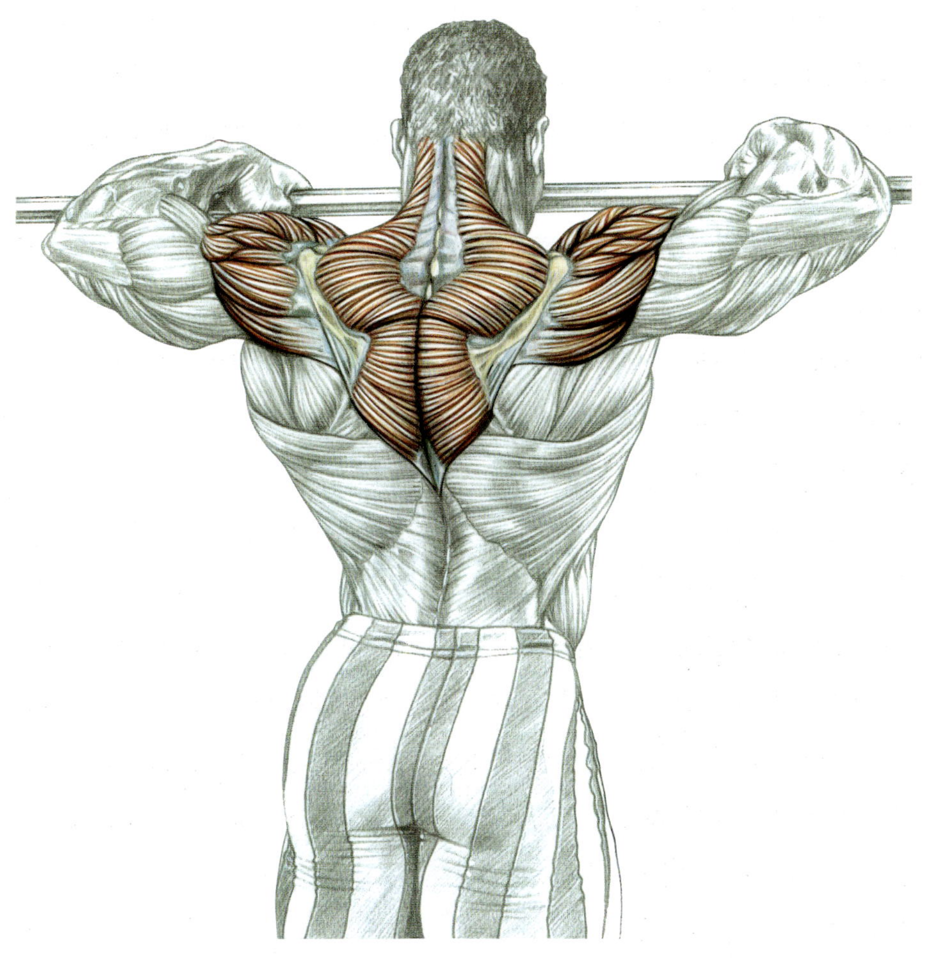

这一研究结果在2002年被Schaefer证实，他发现耐力训练时补充精氨酸可以降低机体乳酸与氨的水平。

被检测者第一组每天分3次补充精氨酸与天冬氨酸，每次1克；第二组每天分3次补充安慰剂，持续3周（Burtscher，2005）。在每次补充前，他们都需要进行强度适宜的心肺训练。结果表明，与安慰剂组相比，精氨酸与天冬氨酸的一组的有氧能力得到了明显提高，并且他们血中的乳酸、对氧气的消耗以及心率都有一定程度的降低。这些改变是由于精氨酸促进一氧化氮的合成所产生的，脂肪氧化的增加则是天冬氨酸的作用。

但是，Abel在2005年进行了一项研究，让耐力型运动员持续4周每天补充5.7克精氨酸和8.7克天冬氨酸，他并没有发现其耐力水平有明显的改善。

6. 如何解释精氨酸的作用？

与谷氨酰胺一样，机体精氨酸的消化吸收能力相对较差。精氨酸不仅消化吸收比较困难，部分使用者在消化吸收过程中还会出现不良反应。此外，补充精氨酸前血中精氨酸的水平，同样会对精氨酸的作用有一定的影响。

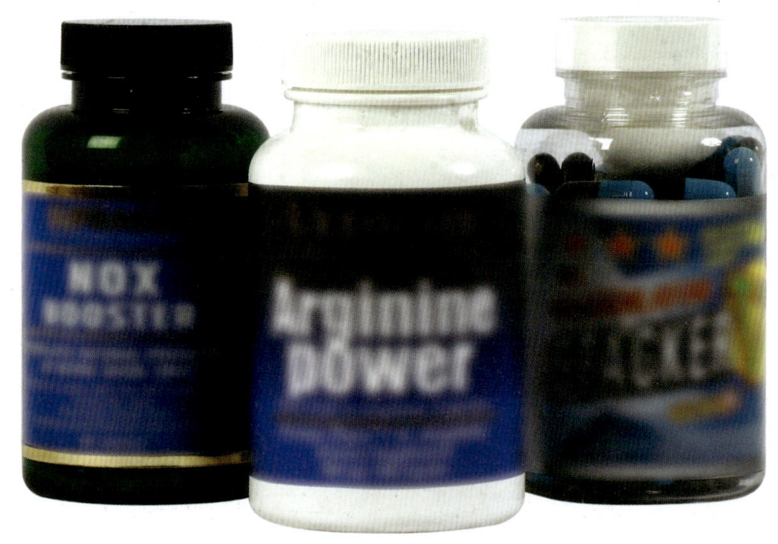

由于一氧化氮的关系，精氨酸在现如今是十分流行的，但是它是否真正有效呢？

7. 精氨酸，生长激素的推动剂

精氨酸可以促进生长激素分泌的作用一直存在争论，很长时间以来医生都会通过静脉输入精氨酸的方式来促进生长激素的分泌。争论的焦点在于口服是否能达到输液的效果。Isidori在1981年的研究中指出，对于没有训练习惯的年轻男性（15～20岁），每天补充1.2克精氨酸和1.2克赖氨酸可以使他们的生长激素水平在90分钟后提升约8倍。但是，研究显示当他们只服用2.4克精氨酸时，其生长激素水平并没有明显变化。Suminsky在1997年的研究中指出，对于20～25岁的男性，同样使用精氨酸与赖氨酸的组合进行补充，但是结果显示他们生长激素水平的提高并不像Isidori的研究中那么高，提高了2倍多。

Moore在1998年进行了一项研究，受检测者分别补充0克、3克、6克、9克精氨酸，然后每30分钟检测一次他们的GH水平，持续4个小时。结果显示，补充3克的一组对于精氨酸的反应极好，他们的GH水平提高了200%～1 000%；补充6克的一组对于精氨酸的反应则较为温和，其GH水平提高了70%～120%；最后一组对于精氨酸并不是很敏感。

Wideman在2000年试着详细阐述精氨酸对GH的作用。他认为生长激素分泌主要受两种激素影响，一种是GH-RH（生长激素释放激素），它会刺激生长激素的分泌。第二种则是生长激素抑制素，它会限制生长激素分泌。精氨酸对于生长激素抑制素有一定的作用，可以减轻其对于生长激素分泌的限制，进而促进生长激素分泌。

在一项研究中，Wdeman让男女被检测者进行1小时的有氧训练，随后通过静脉补充30克精氨酸，结果显示生长激素的水平提高了约2倍。此结果未能证实在训练前通过口服的方式补充精氨酸可以促进生长激素分泌（Suminski，1997）。相反，在肌肉力量训练前补充精氨酸会限制生长激素的分泌。这是因为精氨酸可刺激胰岛素分泌，而后者会影响生长激素的分泌。

这些研究的最大问题在于都没有发现生长激素水平提高与单独补充精氨酸之间的关系，并且没有什么能够说明每天补充精氨酸可以起到一定的效果，即使是持续几周。我们也没有在没有训练习惯的人的身上发现任何改变。

最大的问题在于如果精氨酸可以提高生长激素的水平，那么便意味着我们的身体素质可以得到一定程度的改善。但是研究并没有发现这两者之间的关联。虽然在很长时间以前的研究中有过关于精氨酸积极的研究结果，但是存在很多不详细和含糊不清的地方，特别是每个人身体中精氨酸的含量都不同。

总 结

- 研究证实在晚上睡前补充精氨酸有助于提高GH的水平。
- 用精氨酸来提高GH的水平性价比不高。
- 我们更感兴趣的是精氨酸对免疫系统和一氧化氮的作用。

8. 一氧化氮：精氨酸的反论

精氨酸是一氧化氮合成的主要物质，也是NO的直接前体。从理论上来讲，我们身体含有的精氨酸足以满足合成一氧化氮的需求。科学研究表明，额外补充精氨酸不会更加促进一氧化氮的合成。但是，所有的研究在这一点上都是相同的：补充精氨酸确实会提高机体合成一氧化氮的能力。例如，通过口服的方式补充每千克体重0.1或0.2克的左旋精氨酸，这可以使机体合成一氧化氮的能力得到提高（Kharitonov，1995）。一氧化氮的最高值会在服用精氨酸2个小时后出现。机体合成一氧化氮的能力与精氨酸的摄入量直接相关：

- 每千克体重补充0.05克精氨酸，提高效果并不明显。
- 每千克体重补充0.1克精氨酸，最高值可以超过50%。
- 每千克体重补充0.2克精氨酸，则可以达到200%的水平。

科学家认为这是精氨酸的反论。事实上，一氧化氮的合成主要来自精氨酸，不过事情并没有如此简单。如果精氨酸可以促进一氧化氮的合成，那么便存在阻止精氨酸转化为一氧化氮的限制机制。减弱了这类限制激素的作用，从而提高了机体合成一氧化氮的能力。我们后面会介绍一氧化氮对于运动员的潜在价值。

Tang在2011年的研究中指出，通过口服的方式补充10克精氨酸，并没有发现任何一氧化氮水平以及肌肉合成代谢能力的提高。

9. 如何使用精氨酸?

Evans在2004年指出，精氨酸的理想补充量是9克，可以确保血浆中精氨酸的水平得到提升，同时避免因较高摄入量所导致的副作用。Collier在2005年通过对比补充5克、9克以及13克精氨酸的健康男性证实了这一观点。

有三种不同类型的精氨酸：一种是盐酸精氨酸，它出现的时间较为久远，我们并不建议使用。在计算服用这种精氨酸的量时，我们还需要计算20%的盐酸含量。第二种则相对比较优秀，即左旋精氨酸，它也是一种纯精氨酸。它的主要问题是容易引起严重的消化吸收问题，特别是对于年轻人。第三种则是OKG或AKG，它们有着更好的消化吸收能力，但是价格相对较贵。

左旋瓜氨酸

科学研究表明，补充瓜氨酸可以起到补充精氨酸一样的精氨酸水平提升作用。事实上，瓜氨酸与精氨酸不一样，不会在肝脏被分解。补充3～6克瓜氨酸可以使血液中精氨酸的水平提升2倍。瓜氨酸同样还可以提高运动表现力以及在训练中合成一氧化氮的能力，不过并未得到证实。在补充3克或9克瓜氨酸的17位耐力运动员中，与服用安慰剂的运动员相比，有12位出现了耐力水平下降，他们因为瓜氨酸的摄入更容易感受到疲劳，这是由于瓜氨酸限制了在训练中一氧化氮合成的能力所导致的。

瓜氨酸苹果酸

关于瓜氨酸作用的争论，主要集中于长期使用瓜氨酸苹果酸，后者是由苹果酸和左旋瓜氨酸组成的。对于健康的运动员而言，连续13天每天补充12～18克瓜氨酸苹果酸可以提升耐力水平；如果每天补充6克，则耐力水平并没有任何明显的改善。瓜氨酸苹果酸的主要价值在于可以加速两个训练日之间身体的恢复，从而使我们可以更快地进行下一次的练习。

即使HMB与亮氨酸很相似，但对其影响尚存争议。

HMB

Β-羟基-β-甲基丁酸是亮氨酸的分解代谢物，机体可以生产少量的HMB。约5%的膳食亮氨酸会被分解为HMB。对于没有训练习惯的人而言，他们每天形成的HMB为0.2～0.4克。

很多科学家认为，如果亮氨酸对于肌肉生长具有重要的调节作用，那么HMB作为亮氨酸的代谢物，应该也会有一定的间接作用。我们假设HMB可以起到亮氨酸所能够产生的大部分作用，并且研究表明HMB可以使动物的肌肉量得到一定程度的增长（Van Koevering，1994）。HMB的确可以降低动物肌肉的分解代谢，特别是与Omega-3一起使用时（Smith，2004）。

第一项关于人类使用HMB的研究是由Nissen在1996年进行的，初级健身爱好者每天补充3克HMB或安慰剂，持续进行3周或7周的肌肉力量训练。在3周练习结束后，HMB组的肌肉分解代谢程度比安慰剂组降低了20%～60%。在7周练习结束时，HMB组的肌肉增加了2.3千克，而安慰剂组只增加了800克。HMB组力量提高了约13%，而安慰剂组提高了约8%。如果我们将统计错误率的问题考虑在内，那么这些研究的意义不大。

Hoffman在2004年的研究中指出，当美式足球运动员使用HMB时，其分解代谢水平或力量水平并没有任何明显的改变。由Ransone在2003年进行了类似研究，当美式足球运动员服用HMB1个月后，其肌肉围度以及力量与服用安慰剂的运动员相比，并没有明显的提高。Slater也在2001年进行过持续6周的类似实验。

HMB是无害的，Baxter在2005年的研究中指出，老鼠在连续91天补充极高量的HMB后并没有出现副作用。对于有训练经验的运动员而言，连续6周每天补充3克HMB同样没有发现或检测到任何副作用（Crowe，2003）。HMB对耐力型运动员有一定的作用（Vukovich，2001），可以提高机体对脂肪酸的利用率，脂肪酸可作为一种供能来源，同时也可以储存肌糖原。

肌肽

肌肽，或β-丙氨酸-L-组氨酸，是一种由丙氨酸和组氨酸组成的二肽，主要存在于肌肉中，同时也会于心脏和大脑。与肌肽有关的补剂比较少，但是近些年这类补剂已经开始出现。关于肌肽的研究数量也增长的较快，这与销售商也有着一定的关联。

Suzuki在2002年指出，对于男性而言，他们在30秒冲刺跑过程中肌肉力量与肌肉中肌肽的浓度有直接关联。（当这种二肽水平越高时，运动员在最后冲刺阶段便越具有力量）。肌肽还有一个优势，即它可以减少高强度肌肉力量训练时身体中乳酸的产生，这是很多运动员都非常关注的。当乳酸堆积较多时，便意味着运动表现力的下降。肌肽可以阻止乳酸的堆积，从而延缓疲劳的出现。这也是为何Ⅱ型肌纤维中的肌肽水平是Ⅰ型肌纤维的2～3倍（Mannion，1992）。

男性肌肉中的肌肽比女性多近20%，肌肽浓度跟每个人不同的需求有关，没有训练习惯或年纪较大的人的肌肽水平相对较低。而运动员的肌肽水平则相对较高，研究发现，其肌肽水平可达普通人的2倍（Talon，2005）。在动物试验表明，耐力训练会阻止肌肽水平的升高。

除规律性训练的运动员外，肌肽浓度受血液中β-丙氨酸的水平控制。它是限制肌肽合成的因素之一，组氨酸则并没有扮演着限制合成的角色。

每天补充4～6克β-丙氨酸并持续1个月，其在肌肉中的浓度可提升约65%（Harris，2005）。每天补充10～16克肌肽也可导致同样幅度的增长。牛肉富含肌肽，100克牛肉中肌肽含量约为124毫克。肌肽在消化吸收的过程中会分解成β-丙氨酸和组氨酸，然后在肌肉中重组。这让我们想起了肌酸，它会因训练或补剂而得到增加。研究并没有表明肌肽浓度的增加，可以像肌酸一样带来肌肉围度的增加。

部分研究表明肌肽可以提高力量/耐力水平，意味着可使最高运动表现力延长10～15秒（Stout，2005），尽管其他研究未能确定（Rakes，2005）。肌肽可以增强咖啡因的作用，从而提高肌肉的收缩力，这个观点同样有待验证。

近期的研究表明，在不补充β-丙氨酸的前提下，肌肉力量训练也可以提升肌肽的水平（De Salles Painelli，2018）。很多运动员并没有感受到在补充肌肽后有任何运动能力的提升，主要是因为他们自身的肌肽水平已经达到最大值。只有肌肉量较低时，补剂才会起到一定的作用。

注意，肌肽的副作用主要在于它会使皮肤出现短暂的刺痛感。这与组氨酸生产过量有关，部分有过敏反应的人要谨慎使用这种补剂。

左旋酪氨酸

酪氨酸是三种对于运动表现力有重要影响作用的神经递质——多巴胺、去甲肾上腺素以及肾上腺素的前体，肌肉疲劳与这三种神经递质分泌降低有一定的关系。补充左旋酪氨酸是否可以减少这种降低现象，同时提升运动表现力呢？这个假设并没有在运动员身上得到证实（Sutton，2005）。运动员在运动测试前3小时口服补充每千克体重150毫克酪氨酸。在随后的2小时内，其血液中酪氨酸的水平提升了3倍；但与服用安慰剂的运动员相比，酪氨酸水平的升高并没有导致相应运动表现力的提升。酪氨酸对于过度训练的运动员是有一定帮助，因为过度训练所引发的长期疲劳与大脑中去甲肾上腺素水平降低有关。酪氨酸可以帮助这部分运动员的神经递质水平恢复正常，进而对身体疲劳的恢复有一定的帮助。

色氨酸

之前我们简单讲过“训练前补剂”可以提升运动表现力，并能够带来一定兴奋性刺激；有一种氨基酸恰好可以起到相反的作用，即色氨酸。它是羟色胺的前体，可以刺激褪黑素的生产（一种可以帮助睡眠的激素）。羟色胺可以使我们得到一定程度的放松。色氨酸水平较低意味着蛋白质摄入较少或整体热量摄入较低，这会增加我们睡眠的问题。蛋白质补充较少的23～55岁男性和女性在睡觉前4小时补充2.3克的色氨酸，与使用安慰剂的人相比，睡眠质量更好（Voderholzer，1998）：

- 减少35%的起夜现象。
- 增加22%的深度睡眠时间。
- 睡醒时，色氨酸组比安慰剂组更加放松，紧张感明显减轻。

睡前30～60分钟补充色氨酸效果更好，可以与各种水果一起服用，但不要补充任何蛋白质（牛肉、鸡蛋等），后者会阻止色氨酸到达大脑。色氨酸在大脑中会直接转化成“睡眠激素”。色氨酸经常会与镁、维生素B6一起服用，这会使它更好地转化成褪黑素和羟色胺。

力量训练中的补剂

1. 液态糖对力量的影响

与耐力训练类似，力量训练也对能量有较多需求。糖是肌肉的主要能量来源。肌糖原对于高强度的重复性抗阻力训练十分重要。在训练中，补充能量可以有助于避免肌肉的分解代谢。这种分解代谢与肌肉张力较高导致的肌纤维被破坏有直接关系，与分解因子（皮质醇、细胞因子等）分泌增多有间接关系，会导致肌细胞的破坏。

能量饮料是否能够解决这类问题呢？这里说的能量饮料与我们在耐力训练时所提到的是一样的。在训练中补充这种能量饮料对于力量水平的影响的研究结论并不一致。训练时间不超过60分钟时，能量饮料对于力量水平的提升受限；但是当训练时间超过60分钟时，能量饮料具有提升运动表现力的作用。因此，训练时间决定了是否有必要使用能量饮料是有决定意义的，当训练时间越长，糖原供能量的比例越高。

即使有的研究并没有发现力量水平的提高，但是它们依旧观察到补充糖可以在训练中更好地保持肌糖原水平。在持续39分钟的训练之前和训练中补充糖，可以使男性的肌糖原下降水平减少二分之一（Haff，2000）。

实验表明，能量饮料组的肌糖原下降只有13%，而服用安慰剂组则为26%，但是在训练中均没有任何运动表现力的提升。因为能量得到了更好地保存，所以能量饮料组在训练后的身体恢复速度加快。这对于每天训练甚至一天多练的运动员而言是十分重要的，在这种情况下，能量饮料可以起到不同的作用。

2. 糖对肌肉量的影响

训练中补充糖的效果是让人无法预料的。在一项研究中，男性进行了12周的肌肉力量训练（Tarpenning，2001）。在每天40分钟的训练里，有些人会补充含糖6%的饮料，有些人则只补充安慰剂。补充糖的一组在训练中皮质醇的升高受限，仅仅升高了4%；而使用安慰剂的一组皮质醇则升高了82%。虽然肌肉力量没有得到明显的改善，但是使用糖的一组的Ⅰ型肌纤维增粗了22%，使用安慰剂的一组只有3%；对于Ⅱ型肌纤维，使用糖的一组增加了21%，而使用安慰剂的一组则没有明显变化。两组皮质醇升高的不同可能是造成Ⅰ型肌纤维和Ⅱ型肌纤维在生长方面的差距的原因。

第二项研究扩展了上述研究结果。没有训练习惯的男性进行12周肌肉力量训练（Bird，2006），在每天80分钟或60分钟高强度训练中，被检测者总共分为四组：

- 补充安慰剂；
- 补充含糖量6%的能量饮料；
- 补充6克必要氨基酸；
- 补充糖以及氨基酸。

使用安慰剂的一组的皮质醇水平在训练中提高了2倍，使用氨基酸的一组则只有使用安慰剂一组的二分之一。而补充糖或补充糖＋氨基酸的两组，则并没有皮质醇升高的现象。在几周训练之后，机体对皮质醇的反应有了一定程度的降低，但是每组的趋势还是与之前一样。这种皮质醇水平的变化反映了肌肉的分解代谢以及身体的恢复情况。在肌肉力量训练结束后的2天，服用安慰剂的一组升高了52%，使用糖的一组仅仅升高了5%，使用氨基酸的一组升高了13%，而使用氨基酸＋糖的一组则没有任何升高表现。

这种皮质醇分泌和肌肉分解的区别是有着重要影响的，其中Ⅰ型肌纤维：

- 在补充安慰剂时提高7%；
- 在补充氨基酸时提高13%；
- 在补充糖时提高18%；
- 在补充糖＋氨基酸时提高23%。

Ⅱ型肌纤维a：

- 在补充安慰剂时增加9%；
- 在补充糖时增加16%；
- 在补充氨基酸时增加17%；
- 在补充糖＋氨基酸时增加27%。

Ⅱ型肌纤维b：

- 在补充安慰剂时增粗7%；
- 在补充糖时增粗14%；
- 在补充氨基酸时增粗18%；
- 在补充糖＋氨基酸时增粗20%。

瘦肌肉量：

- 在补充安慰剂时提高2千克；
- 在补充糖或氨基酸时提高3千克；
- 在补充糖＋氨基酸时提高4千克。

在肌肉力量方面，服用糖＋氨基酸一组的力量水平提高最多，而使用糖、氨基酸或糖＋氨基酸的各组的肌肉力量水平都在每周逐步提升。相反，使用安慰剂的一组在第八周开始便没有任何力量的提高，提示被检测者已经无法承受训练负荷的重量，而使用补剂则可以使被检测者在这种负荷下继续进行练习。

需要注意的是，被检测者在训练开始前4小时内并没有补充任何食物。在这种能量较少的情况，补充能量会带来十分明显的收益。不提前补充任何食物在较严格的运动员身上是很少见的。如果在训练前补充较多的食物，那么能量补充所带来的益处便会缩小。但是，随着训练时间的增加，这种收益处还是会逐渐增加的。在训练前补充蛋白质会使得氨基酸在训练中的作用减小，但是在肌肉力量训练中补充糖的作用依然存在。

提高运动能力的激素

训练对于机体的内分泌轴有十分重要的影响，不同的训练强度、训练时间、训练频率会使不同激素的水平增高或降低。为了更好地提高耐力水平、力量水平或增加肌肉量，运动员都需要尽可能地刺激促进合成代谢激素的分泌（如睾酮、IGF、生长激素、胰岛素等），同时减少促进分解代谢的因子（如皮质醇、PTH、肌肉抑制素、细胞分裂素等）。促进合成代谢的激素与促进分解代谢的激素之间的平衡性决定了身体恢复的速度。当促进合成代谢的激素占主导地位时，机体恢复速度便会提高，运动能力的进步也会更明显；相反，当促进分解代谢的激素占主导地位时，便容易出现过度训练的状态，机体恢复速度也相对较慢。

促激素分泌剂

在日常生活中，机体会不自觉地根据环境变化对激素分泌进行调节。例如，当我们吃饭时，我们体内的胰岛素水平会升高；相反，当我们不吃东西时，我们体内的胰岛素水平便会降低。同样，睡眠一觉醒周期也会分别影响机体的内分泌。

合成代谢激素

促进睾酮合成的类补剂是否存在?

睾酮是一种促进合成代谢的激素，当睾酮水平越高时，我们的运动表现力（力量或耐力）提升越明显。睾酮还有助于身体恢复。

许多补剂都标注可以促进睾酮的分泌，主要是由植物组成的（如玛咖或蒺藜皂苷），但是其实际效果却没有宣传得那么神秘。ZMA是有一定作用的，一般由30毫克天门冬氨酸锌、450毫克天门冬氨酸镁以及10毫克维生素B6组成。

第一项与ZMA有关的研究来自它的研发者，主要是用来帮助进行销售的。Brilla在2000年进行过一项实验，让美式足球运动员在进行8周的训练的同时持续补充ZMA。结果表明，使用ZMA的一组运动员的血锌水平提高了29%，而使用安慰剂的一组则降低了4%；使用ZMA的一组运动员的血镁水平提高了6%，而使用安慰剂的一组则降低了9%；使用ZMA的一组运动员的睾酮水平提高了33%，而使用安慰剂的一组则降低了10%；使用ZMA的一组运动员的IGF-1提高了3%，而使用安慰剂的一组则降低了21%；使用ZMA的一组运动员爆发力的提高幅度（18%）是使用安慰剂一组（9%）的2倍。

这些结果让人感到十分意外，特别是在睾酮水平提高方面。Wilborn在2004年的实验并没有证实这些数据。在他的实验中，受检测者进行8周的肌肉力量训练并且补充ZMA或安慰剂，结果表明只有在分解代谢上两组受检测者有轻微的区别，在锌、镁、睾酮、IGF、力量或肌肉量等其余方面都没有明显差别。这些观察结果与实际情况比较相似。ZMA是一种比较昂贵的镁和锌补充剂，对于某些锌镁含量较低的运动员会有一定作用，但是正如Wilborn的研究表明，价值十分有限。

大蒜或BCAA相对来讲更加有效，但其作用又比较有限。最近，一些以D-天门冬氨酸为基础的补剂十分流行，声称可以促进睾酮的分泌。事实上，Burrone在2012年进行的一项研究指出，对于动物而言，补充D-天门冬氨酸可促使其生产更多的睾酮；然而对于人类，特别是运动员而言则并没有明显作用。Aoki在2012年指出，没有训练习惯的人持续8周每日补充以60毫克碧萝芷、690毫克左旋精氨酸、552毫克天门冬氨酸为基础的促睾类补剂，其睾酮水平得到了一定的提高。除高强度训练外，很少有自然补剂可以明显的增加睾酮的分泌。

促生长激素类补剂

生长激素或GH，是一种十分常见的肽类激素，具有消耗脂肪的作用。它会搬运脂肪组织中的脂肪分子，帮助肌肉和肝脏将这些脂肪转化为能量。但是，在肌肉训练方面，其作用一直备受争议。在大量进食的情况下，GH可以促进肌肉生长；但当限制饮食时，其促进合成代谢的作用便会消失。促生长激素类补剂主要是由氨基酸类物质，即精氨酸、谷氨酰胺以及BCAA组成的，其提高GH的潜在价值目前还是未被证实的。

促IGF类补剂

GH的促进合成代谢的作用可以解释为提高肌肉和肝脏内IGF的水平。IGF是机体产生的最强的促进合成代谢的激素之一。如饮食结构中蛋白质较多，可以促进IGF的分泌。Ballard在2005年的研究中指出，年轻的健身爱好者（包括男性和女性）进行有规律的肌肉力量训练和有氧训练，同时补充每千克体重2.2克蛋白质而非1.1克蛋白质时，其IGF-1水平将会大幅提高。肌酸是肌肉中IGF的调节器。

Hurson在1995年指出，对于年纪较大的人而言，连续14天每天补充17克天门冬氨酸精氨酸，可以提升IGF-1和氮储存（意味着肌肉量的增加）的水平。对于女性而言，补充80毫克植物雌激素1周也可以提升IGF-1和IGFBP-3的水平（Woodside，2006）。

氮泵

氮泵并不是激素，但是它却有与激素相同的作用。它的存在时间只有几秒钟，意味着我们的肌肉细胞必须要持续合成。关于氮泵对肌肉的作用存在极多争议，如果我们将动物研究和人类研究汇集在一起，那么我们会发现氮泵对肌肉有下列主要作用：

氮泵在运动馆与卧室中的作用是一样的吗？

一氧化氮对于运动员的积极作用

▶ 当肌肉休息时，生产一氧化氮能力的下降使得蛋白质的合成代谢速度降低约15%；但是，当生产一氧化氮能力提高时，合成代谢能力只有轻微的提高。

▶ 当一氧化氮的生产受限时，肌肉通过训练所得到的肌肥大反应会减少二分之一。

▶ 当肌肉受到加强刺激时，一氧化氮会与干细胞的作用形成协同效应，对受损的肌肉进行修复。

▶ 一氧化氮可以提高干细胞生长因子的分泌（HGF），后者是一种促进将干细胞向肌纤维移动的激素。

▶ 一氧化氮可以加速肌肉的恢复。

▶ 它可以降低蛋白尿的相关指标（见第187页）。

▶ 当肌腱受损时，一氧化氮可以加速组织再生。

▶ 一氧化氮的主要作用在松弛血管周围平滑肌，促进血液循环以及肌肉的氧合作用。这种扩张血管的作用也被应用解决勃起困难，著名的“蓝色小药丸”便是一种一氧化氮促进剂。

▶ 一氧化氮生产受限会延缓运动员的血管适应。

一氧化氮作用的争论

▶ 部分关于人类的研究表明，当一氧化氮的生产能力得到部分提高时，机体的力量和耐力水平得到了一定的增长。部分研究结果却正好相反。

▶ 当组织缺血（因为供血能力过弱所导致的短暂缺氧现象）时，一氧化氮可以保护肌纤维免于被分解。在另外一些研究表明，一氧化氮参与细胞代谢的能力较弱。

▶ 部分研究表明，一氧化氮可以促进或抑制脂肪能量的使用。另外部分研究指出一氧化氮可以减少或增加肥胖。

一氧化氮的破坏作用

▶ 一氧化氮是一种自由基，会攻击细胞组织进而产生氧化应激反应。关于一氧化氮在某些情况下保护细胞，在另一些情况下摧毁细胞的原因还是未知的。

▶ 一氧化氮的促进分解代谢的作用是经常出现的，部分免疫细胞通过一氧化氮来限制病原体因子。产生一氧化氮的能力下降，会在较长时间的训练结束后短暂降低免疫系统的功能。

▶ 一氧化氮容易导致抽筋或疲劳。

一氧化氮在调节细胞方面扮演着十分复杂的角色，这边是为何会出现上述矛盾的原因。促进一氧化氮产生的补剂所含的主要物质是精氨酸，Alvares在2012年指出，补充6克精氨酸可以使肌肉在两组训练间保持最佳的充血效果。

促进一氧化氮产生的补剂——一个错误的案例

自从促进一氧化氮产生的补剂出现后，便迅速成为最受欢迎的“训练前补剂”。在健美训练中，所有健美爱好者都喜欢感受到强烈的肌肉充血，这会使他们感觉肌肉已经得到良好训练，即使有时并非如此。为了使自己的产品有别于市场上同类型的其他产品，有的销售者会在其中加入咖啡因。随着这两种物质组合应用的成功，出现了越来越多的令人惊讶的促进一氧化氮产生的补剂，如DMAA（二甲基丙烯酰胺）。

这种补剂号称提取自天竺葵油，因此是纯天然的。色谱分析则显示了相反的结果，在天竺葵中并没有DMAA。用于促进一氧化氮产生的补剂的DMAA是通过化学合成的（Zhang，2012）。

由于DMAA可引起强烈的血管收缩，它现在已经在全球范围内被禁用（Gee，2012），它已经被列入反兴奋剂控制的名单里（Vorce，2011）。

甜菜的作用

某些蔬菜，如甜菜或菠菜会吸收土壤中的硝酸盐，土地因为施肥的原因往往富含硝酸盐。这些蔬菜中的硝酸盐可以成为我们身体中一氧化氮的前体。越来越多的研究表明，补充甜菜汁可以提升机体的耐力水平（Cermak，2012；Lansley，2011）。大量补充甜菜似乎无害，但是大量摄入硝酸盐对于身体健康是没有好处的。对促进一氧化氮产生的补剂在运动营养领域的直接或间接作用，一直都是极具争议的。

运动员是否可以通过增加或减少一氧化氮摄入来提高运动表现力则依旧有待验证。我们还需要对其优点和危险进行进一步分析。

促胰岛素剂

胰岛素是主要负责储存能量的激素，除了在训练刚结束外，运动员并不需要大量胰岛素分泌，因为这种激素容易带来更多的脂肪。

注意降血糖的补剂

使用训练前补剂的目的在于提高我们的运动表现力，为了不使补剂带来反面效果，你必须要注意其中所含有的分子是否会导致血糖水平降低。如果的确存在这种现象，那么你在运动时便很容易出现明显的低血糖。

这不仅会使我们无法继续训练，并且还十分危险。低血糖并不仅仅只出现在部分运动员身上，当你使用低热量的饮食方式时，同样也有可能导致低血糖。

我们需要注意分辨补剂是否可以导致下列问题：

- 液态糖，特别是突然间补充大量的液态糖。为了避免发生危险，应该在一段时间内分多次补充少量的糖。
- 乳清蛋白，特别是水解蛋白或分离程度较低的分离蛋白。
- 核糖（见第130页），过量摄入可能会导致低血糖。
- 肉碱可以降血糖，特别是突然间补充几克时更容易导致低血糖。
- BCAA和精氨酸可以促进胰岛素分泌，这会降低血糖水平。
- 肌酸的降血糖作用十分轻微。

应用正常剂量的肌酸不会引起任何问题。但是，当它与前面提到的补剂一起补充时，风险性便会增加。

Calbet在2002年的研究中指出了有关低血糖的陷阱：6名身体健康的年轻人分别补充18克水解乳清蛋白＋25克糖，1小时后有4人出现了轻微的低血糖现象，另外2个人则没有。这种情况便是蛋白质所导致的低血糖的陷阱。长期以来，蛋白质所导致的问题并没有被我们所注意到，我们只是在训练中感觉到不适，但却不知道为什么！如果我们将前面提到的补剂加入乳清蛋白粉中，那么发生低血糖的风险同样也会增高。想避免这个问题，那么建议使用酪蛋白替代乳清蛋白，或者选择我们之前有提到的补剂并在训练前服用，应该会大幅度降低发生低血糖的风险。

我们在第一章中曾讲过，在训练刚结束后提升胰岛素水平有利于糖原的恢复。科学研究表明，与补充单糖相比，增加大分子糖的摄入可以使我们的糖原恢复速度加快2倍（Piehl Aulin，2000）。因此，胰岛素并非调节糖原水平的唯一方法。

硫酸矾是一种对肌肉的作用与胰岛素类似的物质。从理论上讲，钒可以加速在训练结束后肌肉能量的恢复。事实却正好相反，它对氨基酸水平、肌蛋白的合成速度无影响，对于运动员而言近乎无效。每天补充每千克体重0.5毫克硫酸钒，同时进行12周的肌肉力量训练的结果十分糟糕（Fawcett，1996）。开始时，钒可以导致脂肪的增加而并非降低；因为胰岛素的关系，血糖水平提高了10%。这非但没有带来肌肉量的增加，反而因为钒的存在出现了使肌肉量降低。对于20%的使用者而言，他们在训练后感到异常疲劳感。因为矾的潜在危害以及与安慰剂相比并没有提升肌肉量，所以不推荐使用这种物质。

其余的促进胰岛素分子上的补剂主要是能量饮料，特别是含有乳清蛋白、BCAA、葫芦巴等的能量饮料，但是建议谨慎选择用量。

促进分解代谢的激素

皮质醇

皮质醇是一种应激激素，会阻止肌肉变粗并促进肌肉的破坏，其作用机理之一便是提高肌肉抑制素的水平。Bird在2006年指出，对于没有训练习惯的年轻男性而言，60分钟的肌肉力量训练会使皮质醇水平提升2倍。在训练中补充含糖的饮料可以将皮质醇的升高限制在约25%。磷脂丝胺酸与维生素C同样可以限制训练中皮质醇的升高。咖啡因对于皮质醇水平的影响一直备受争论，对于某些人而言，咖啡因可以减少训练中皮质醇的分泌（Paton，2010）；但是对于另外一些人而言，咖啡因却可以促进训练中皮质醇的合成（Beaven，2008）。但同时，这两位学者都认为咖啡因所带来的训练强度的提高可以促进睾酮的分泌。

肌肉抑制素

近期逐渐开展了一些关于肌肉抑制素的研究。肌肉抑制素是一种会阻止肌肉生长的激素，这意味着它是阻止或限制合成代谢的。动物的肌肉中没有肌肉抑制素，因此它们的肌肉围度相当惊人。到目前为止，我们仅发现一名5岁的孩子是不生产肌肉抑制素的，他的肌肉比同龄人异常发达。

肌肉抑制素是肌肉发展的严重阻碍，如果我们的肌肉生产肌肉抑制素，那么它同时也会生产可以抑制这种激素的物质，如卵泡抑素。目前，同样存在着医药类阻断剂可以阻止或限制肌肉抑制素的作用，我们可以等待市场上出现类似的天然补剂。

这类补剂主要是藻类提取物（Cystoseira canariensis），可以接近和肌肉抑制素的受体，从而抑制将肌肉抑制素被激活（Ramazanov，2003）。从理论上讲，肌肉增长因此便会加快。Willoughby在2004年针对这种阻断剂进行了研究，12名没有训练习惯的男性接受检测。结果表明，肌肉抑制素的水平每周都在提高，并且这种藻类提取物的确可以与肌肉抑制素受体相结合。但是，即使每天补充1.2克这种藻类提取物的男性，其肌肉生长、力量提高以及脂肪降低都与使用安慰剂的人没有什么区别。因此，这类藻类提取物没有实际意义。

许多分子看似会产生神奇的作用，但是事实上却并没有太多的实际意义。Willoughy认为这种藻类提取物不会使机体中可以持续肌肉抑制素的物质变得活跃。如果这种藻类提取物存在一定的价值，那么便是它可以自行取消。

补充蛋白质可以对肌肉抑制素水平会造成明显影响。Drummond在2008年指出，没有训练习惯的人在补充10克必要氨基酸后，其肌肉抑制素水平出现了一定的下降。

在一项Kuhnke于2006年进行的初步研究中，当运动员在训练日双倍摄入蛋白质时，与使用安慰剂相比，可以使他们在训练结束后的2天内肌肉抑制素水平都始终处于较低状态。

但是，Hulmi在2009年指出，在一次肌肉力量训练结束后补充蛋白质所带来的降低肌肉抑制素水平的效果并没有那么大。对蛋白质对于肌肉抑制素分泌的影响，还需要更加详细的研究。

甲状旁腺激素

甲状旁腺激素PTH是一种可以调节我们骨质量的激素。长期以来，人们一直认为训练对PTH的分泌几乎没有影响。但是改进后的PTH检测技术表明，无论是力量训练，还是耐力训练，都会促进PTH的分泌。此外，PTH可以破坏肌肉并且减少能量储存，会使机体的恢复速度和运动能力的提高速度变得缓慢，同时还导致脂肪堆积。规律使用钙和镁，可以避免由于训练所带来的有关PTH的不良影响。

细胞因子

细胞因子过多会给肌肉带来严重的灾难影响，如延缓身体恢复速度，导致短暂的使免疫系统功能紊乱。在训练中补充糖或规律使用Omega-3，可以抑制细胞因子的分泌。

ATP促进剂

我们肌肉的力量与我们肌肉细胞内的能量（ATP）有直接关系。每个ATP分子的存活时间较短，一般不足一分钟，我们的细胞会不断生产新的ATP分子。

▶注意!

在训练时，我们每分钟会消耗500克的ATP。

高强度训练会导致肌肉中的ATP水平明显下降，在几分钟或几十分钟之后ATP会回到正常水平。但是，对于训练过度的人而言，他们的ATP水平会持续下降，这会妨碍身体的恢复。

▶注意!

为了更好地获得力量以及加速身体恢复，我们可以使用多种不同的ATP促进剂，而它们都会含有肌酸。

ATP水平的轻微下降意味着肌肉中合成代谢的减弱。ATP与合成代谢有直接关系，ATP水平的下降会促进肌肉的分解代谢。在训练结束后几天的时间内肌肉往往未能完全恢复，这与ATP水平依旧较低有关。

肌酸

1. 肌酸的历史

肌酸应该是目前最快速并且最有效的可以增加体重、肌肉量以及肌肉力量的补剂。1923年的狗模型实验表明，口服补充肌酸可以很好地储存氮（意味着肌蛋白的增加）并增加体重（Bendict，1923）。在停止使用肌酸后，体重会逐渐下降。

1926年，Chanutin发现了现代有关肌酸的使用方法及价值。他指出，男性在1周内每天口服10克肌酸可以使肌肉中肌酸达到饱和。因为体重增加的关系，Chanutin认为肌酸具有一定的促进合成代谢的作用。1975年，Crim确认年轻男性通过口服肌酸可以提高机体的氮储存，同时指出补充精氨酸＋甘氨酸（两种肌酸的前体）可以提升合成肌酸和储存氮的能力。这个发现提示补充精氨酸＋甘氨酸具有与肌酸类补剂相同的作用，这对于不喜欢直接补充肌酸的运动员而言是很好的选择。

1974年，Ingwall证实了肌酸对于肌肉组织的促进合成代谢的作用。Vierck于2003年发现肌酸对肌肉干细胞具有刺激作用。

鲱鱼脂肪中富含Omega-3

2. 肌酸对于肌肉量有什么影响?

下面是与肌酸对肌肉量的影响有关的部分作用机制：

- 肌酸会使细胞储水，这也是为何有的人因为简单的储水现象便出现了体重的增加。与我们在谷氨酰胺中举的例子类似。细胞的水合状态会影响蛋白质合成的速度。而当细胞水合较好时，蛋白质合成速度则较快。
- 它可以促进细胞糖原的储存，为肌肉提供能量。
- 它可以促进IGF-1和MGF的分泌，这两种激素是由肌肉生产的。这种刺激作用了解释了为何肌酸对肌肉干细胞有积极作用。
- 肌肉合成代谢需要大量的ATP。在训练过程中，当细胞能量较低时，所有的合成代谢都会处于休眠状态。肌酸可以使它们重新恢复并且变得活跃，比简单补充食物或休息要更好。
- 其抗氧化作用可以保护肌细胞避免被分解。
- 它可以促进力量增长，从而提高训练强度和训练效率。

3. 训练与肌酸的协同作用

Brannon在1997年指出，肌肉力量训练与肌酸之间应该存在一定协同作用。他使一些老鼠分别摄入肌酸或安慰剂并进行4周的观察，记录在使用肌酸前后老鼠瘦肌肉量（包含快肌纤维和慢肌纤维）的不同。其中部分老鼠进行活动练习，而另外一部分老鼠则不进行。在慢肌纤维周长的变化方面，肌酸或训练都没有表现出任何作用。但是，在快肌纤维周长的方面却有着不同的结果：只补充肌酸组的瘦肌肉量变化很小，只进行活动练习的一组肌肉量增加了5%，而补充肌酸＋活动练习的一组的肌肉量则增加了10%。

训练与肌酸组合的作用解释了肌肉增长并非只是单纯的储水，而是因为瘦肌肉的一定程度的增加。这种协同作用与身体的运动表现力也有关系，慢肌纤维对于肌酸不是十分敏感。这个结果同样也在人类身上得到了证实。

对于没有训练习惯的人来讲，每日补充肌酸（每日补充24克持续1周，然后每日补充6克持续15周）并且进行肌肉力量训练，可以在4周内使其卫星细胞数提高了110%（Olsen，2006），而使用安慰剂的人则没有任何这种变化，这也是使用安慰剂的一组在前4周肌肉量增加较快，但是后期基本保持稳定的原因。服用肌酸的一组与服用安慰剂的一组在前4周的肌肉增长基本是相同的（肌纤维周长增长13%），但是卫星细胞的增加使得受检测者在16周的训练时间内可以获得持续的进步，整体生长时间比使用安慰剂的受检测者更长。肌酸使得受检测者的身体进步比使用安慰剂的一组更持久且稳定。

4. 并不是所有人对肌酸都有反应

肌酸的作用只有在肌酸 + 磷酸肌酸升高至少达到每千克瘦肌肉20毫摩尔时才会表现出来。每个人的肌酸/磷酸肌酸的升高速度是不同的，某些情况下持续补充肌酸至少5天后便可以超过这个阈值，但并不是所有人都会如此。此外，大量肌酸使用少于1周的研究解释了为何对肌酸的短期作用存在很多争议。

关于肌酸的争议是真的吗?

女性对肌酸没有男性那么敏感（Tarnopolsky，2000）。同样，年纪越大的人对肌酸的敏感度越低。例如，持续5天每天补充20克肌酸，24岁的人的肌肉磷酸肌酸水平会平均升高35%，而70岁的人则只会升高7%（Rawson，2002）。

25%～30%的人对肌酸不敏感，Syrotuik在2004年试图确定肌酸敏感和成不敏感的人群特点，受检测者每天补充20克肌酸并持续5天，其中第一组被检测者完全不敏感，肌酸＋磷酸肌酸水平没有明显变化，具体数值是每千克5毫摩尔以上；第二组的反应速度相对较慢，直到肌酸＋磷酸肌酸水平升至每千克15毫摩尔时才开始发生反应，距离20毫摩尔还有一定距离；第三组的反应极佳，其肌酸＋磷酸肌酸水平达到29毫摩尔以上。

当受检测者的肌肉由较多Ⅰ型肌纤维组成时，其对肌酸的反应相对较弱。相反，肌肉中Ⅱ型肌纤维越多，肌酸的作用便会越明显。研究同样指出，与刚开始训练的人相比，训练水平越高的人对肌酸的反应越好。对肌酸敏感的人的Ⅱ型肌纤维生长速度是对肌酸不敏感人的10～20倍。对于后者而言，肌肉的生长几乎可以忽略，这与他们在5天中腿部力量增长的不同有关：对肌酸不敏感的人的增长有2千克，而对肌酸敏感的人的腿部力量可以增加25千克。但是，没有任何一组表现出上肢力量的增长。

我们认为对肌酸比较敏感的人一般都是经常进行力量训练而非耐力训练。与其余大多数人相比，这些人多有比较发达的肌肉。

5. 肌酸是如何促进力量生长的?

肌肉收缩所需要的能量主要来自ATP，一个ATP分子由三分子磷酸与1个腺苷分子组成。ATP丢失一个磷酸变为ADP时，可释放肌肉收缩所需要的能量。为了可以重新变得具有活性，ADP需要重新结合一个磷酸分子从而再转化成ATP，此过程需要吸收能量。磷酸肌酸的作用便是为此过程提供磷酸分子。磷酸肌酸带来的释放磷酸盐保证ATP的重新合成，随后便会变成肌酸。正是因为这个原因，肌肉力量训练可以在提高肌酸的水平同时降低磷酸肌酸水平。如果肌肉缺少磷酸肌酸，那么ADP便会大量聚集，从而阻止肌纤维收缩。如果ADP

没有被快速转化呈ATP，那么便容易导致疲劳。医学研究表明，在高强度训练过程中，肌肉中的磷酸肌酸的下降比ATP水平的下降更明显，从能量角度来看，这意味着是磷酸肌酸的消失而不是ATP的下降限制了力量水平。Hirvonen在1992年进行了相关研究。一些运动员进行400米跑的竞速比赛，成绩在50秒左右。比赛结束时，他们大腿肌肉中ATP的水平降低了27%，磷酸肌酸为90%。研究者认为，身体疲劳的现象并不是由ATP缺少引起的，更多的是与机体储存的磷酸肌酸消失有关。停止运动5分钟后，磷酸肌酸水平才会恢复赛前状态。磷酸肌酸的部分恢复是导致高强度训练后运动表现力下降的原因之一。

最理想的方式是补充磷酸肌酸从而达到增加其在肌肉中的储存量的目的。不幸的是，口服磷酸肌酸会在消化吸收的过程中被分解。唯一的替代办法是使用肌酸进行替代，磷酸肌酸约占肌肉中肌酸的66%左右。

肌酸类补剂对于力量提升有重要作用：

- 它可以提升磷酸肌酸的储存量，延缓疲劳产生。
- 肌酸可以减慢在训练时ATP的破坏速度，ATP的利用效率会更高。
- 肌酸可以在休息期间加快ATP的合成速度。
- 肌酸可以促进ADP的消失。

在持续十秒钟以上的高强度训练中，肌酸的价值会体现得更加明显，并且可以使运动员在有限时间内的完成更多次数的重复训练。在这种情况下，当肌肉中肌酸越多时，肌肉质量越佳。

6. 肌酸的价值

十余项研究对肌肉力量以及肌肉量的增长是否与肌酸有关系进行了探讨，有的研究认为肌酸对于肌肉生长有帮助，但有的研究得出相反结论，主要与受检测者个人实验时间等有关。在众多研究中，Volek在1999年的研究是比较有代

肌酸可以提升对力量要求较多的运动能力。

表性并且是比较全面的：男性健身爱好者被分成两组，一组补充肌酸，另一组补充安慰剂并持续12周的时间。其中，补充肌酸的一组按照如下的方式使用：

- 第一周每天补充25克；
- 剩下11周每天补充5克。

补充肌酸一组的肌肉中肌酸的水平在第一周平均提高了22%，但是随后开始逐渐降低，在实验结束时其肌酸水平比正常提高了10%。这可能是因为第一周肌酸摄入量较多，从而减少了内源性肌酸的生产以及将它运输到肌肉的活动。

经过12周的肌肉力量训练后：

- 使用肌酸的一组瘦肌肉增加4.3千克，使用安慰剂的一组为2.1千克。
- 两组的脂肪都增长了近1千克。
- 使用肌酸的一组体重增加超过5千克，使用安慰剂的一组则是3千克。
- 使用肌酸的一组Ⅰ型肌纤维增长35%，使用安慰剂的一组则是11%。
- 使用肌酸的一组Ⅱ型肌纤维增粗36%，使用安慰剂的一组为15%。
- 使用肌酸的一组Ⅱ型ab肌纤维肌肥大增加35%，使用安慰剂的一组为6%。
- 两组的Ⅱ型肌纤维的增长是比较相似的。
- 肌酸对于肌肉中不同类型的肌纤维分配并没有什么作用。
- 使用肌酸的一组腿部最大力量增加了34千克，使用安慰剂的一组是26千克。
- 使用安慰剂的一组上半身力量增长了22千克，使用安慰剂的一组为15千克。

7. 训练与肌酸水平之间的关系

机体中95%的肌酸存在于肌肉中，一千克瘦肌肉含有约125毫摩尔肌酸，与体重70千克的人约含有120克肌酸比较吻合。一个没有训练习惯的人每天会更新约2%的肌酸，意味着至少2克。我们可以直接从饮食中摄入我们所需求肌酸的一半，如每250克红肉含1克的肌酸。剩余部分则要通过三种氨基酸（精氨酸、甘氨酸、蛋氨酸）进行合成。对于补充肌酸较少或上述三种氨基酸含量较少的人，如素食主义者，他们肌肉中肌酸的水平比平均值要低10%。

对于运动员而言，他们的肌酸水平也会因从事的运动项目不同而变化，与没有训练习惯的人相比：

- 长跑运动员的肌酸水平要低11%；
- 中长跑运动员的肌酸水平要低6%；

- 短跑运动员的肌酸水平要高6%；
- 场地自行车运动员的肌酸水平要高15%。

即使没有应用补剂，力量型运动员的肌肉也会缓慢充满肌酸；一个没有训练习惯的人，在连续5天每天补充20克肌酸的情况下，其肌酸水平达到场地自行车运动员的水平。

8. 运动员是否需要增加肌酸的摄入

如果一个运动员可以吃得很好，摄入较多的蛋白质，并且有很好的睡眠质量，那么他们是否还需要补充肌酸呢？下列所指出运动员需要增加对肌酸摄入的情况：

- 力量型运动员的肌肉的肌酸储存要多于其他人，维持这种储存量以及肌酸水平的最佳方式便是补充肌酸。
- 这些运动员的肌肉量相对较多，因此他们也需要更多的肌酸。
- 高强度运动会降低总的肌酸量，因此需要大量补充肌酸。
- 耐力型运动员的肌酸水平相比普通人要低很多，但并不需要额外补充肌酸。不过，肌酸会在某些方面提高耐力水平。
- 因为肌酸类补剂作用因浓度不同而有所不同，所以我们必须让肌肉中的肌酸提高到至少每千克加肉20毫摩尔，让肌酸水平达到每千克瘦肌肉145毫摩尔。然而，肌肉可以保存至少每千克160毫摩尔的肌酸，但即使场地自行车运动员也达不到这个标准。为了获得理想的运动表现力，可以尽量增加肌酸的摄入量。
- 肌酸前体会因高强度训练受到限制，这会存在阻止内源性肌酸合成，所以我们必须进行额外的补充。

具体的肌酸补充量还有待确定。从理论上讲，可以通过摄入红肉或鱼来满足机体对肌酸的需求，但这并不是一个很好的办法。因为这会消耗大量的蛋白质，并且相应的烹调方式会破坏肌酸。

9. 肌酸是否是天然补剂?

每个人对这个问题的回答都可能不同。有两个特点意味着肌酸属于自然补剂的范畴：

- 肌酸是一种与三种氨基酸有关的分子，我们的肝脏、肾脏以及胰腺都会用这三种前提（三种氨基酸）合成肌酸。
- 肌酸可以直接通过食物补充。

但是，肌酸被当成补剂进行销售主要是因为一个化学反应，即由肌氨酸和氨基氰混合合成肌酸。这种肌酸并不是直接来源于肉或食物中的，这让我们想起维生素C，它也是经常由化学方式合成的。

10. 肌酸是否是兴奋剂或遮掩剂?

国际奥委会拒绝将肌酸列入兴奋剂名单，这个决定十分正确。因为肌酸并不像激素一样，它只是一种肌肉能量的来源。但是，有人认为肌酸是一种可以遮掩兴奋剂的物质，即一种可以使运动员在使用禁药情况下安全通过药检的物质。肌酸并不具备任何这方面的作用。之所以有人说肌酸可遮掩兴奋剂，主要是因为部分运动员的运动表现力在短时间内得到神奇改善后，却找不到使用兴奋剂的证据，于是人们便将其归因于肌酸的作用，认为是肌酸掩盖了作用兴奋剂的证据。用兴奋剂遮掩剂形容肌酸是不恰当的，如果肌酸真的可以起到这种作用，那么通过科学研究肯定会被发现的。

11. 肌酸的副作用

分析已发表的有关肌酸的研究，似乎并没有发现对于健康的人而言肌酸有什么明显的副作用（Bizzarini，2004）。人们利用肌酸已有很长时间了，不过我们依然存在一些尚未完全发现的地方。或许某一天我们会发现肌酸存在副作用，但目前为止这还是不容易被发现的。

为了做出选择，运动员需要在肌酸可能存在的潜在危害与已被证实的价值（提升肌肉量、提升运动表现力、减缓过度训练表现、减少拉伤和抽筋）之间进行权衡。

一个需要回答的问题是，在进行全力训练的同时服用肌酸，是否可以改善或损害运动员的健康。

12. 肌酸的冲击期是否是必要的?

很多人推荐在开始使用肌酸时采用较大的摄入量（冲击期），一般持续1周，每天补充20～25克；然后便降低摄入量，每天补充3～5克。这种方式在很多医学研究中经常出现，并且也被推荐给运动员使用。

Harris教授是最早开始研究肌酸对运动员肌肉作用的人（Bledsoe，1998）。他来自英国伦敦，在瑞典斯德哥尔摩进行研究。为了减少交通花费，他会在周一离开英国并在周末再回来。他只有很少的时间进行测量，因此他想到了使用大剂量服用5～7天的方法。这种研究记录是没有任何科学价值的，也并不是理想的。这会导致很多研究结果出现偏差。事实上，没有运动员会只在5～7天内补充肌酸。一般来说，补充肌酸需要至少2周才可以感受到肌酸对提升运动表现力的真正作用。如果1周后停止服用，那么就可能会错过即将要出现的运动表现力的提升。

13. 如何使用肌酸?

因为冲击期的关系，尿液中肌酸的流失十分严重，并且还有可能导致内源性肌酸的形成受阻碍。建议使用常规剂量进行补充，然后慢慢等待肌酸发挥作用。每日补充超过3～5克的肌酸并没有太大的价值。

另外一个观点也是尚待研究的，即肌酸的理想使用时间。我们在前面提到，运动员需要增加对肌酸的摄入，所以应根据训练强度和容量来决定肌酸的使用时间和用量。

部分研究指出，训练后使用肌酸可使机体更好地储存肌酸，但并没有被广泛认可。大家更倾向于认为肌酸会随餐被吸收，如与肉类一起服用，因为肉类中存在有助于肌酸储存的物质。条件允许时，建议最大限度分开补充肌酸。为了确保肌酸被充分吸收，避免一次或两次便将全部肌酸补充完毕。不建议在训练开始前使用肌酸，与咖啡因可以在服用的几十分钟后发挥作用不同，肌酸的效果出现较慢。因为它可以导致轻微的低血糖，肌酸可以扩大训练中血糖降低的幅度，所以在训练前或训练中使用肌酸都是不好的。

核糖

核糖在我们日常饮食结构中出现的量很少，如动物内脏。ATP中的A指的是腺苷，而腺苷则由腺嘌呤和D-核糖组成。这意味着核糖是ATP的组成成分之一。

核糖对运动员的价值是在近期才被发现的，而它被当作药用已经很长时间了，如用于治疗心脏病，在心脏移植中也有重要作用。核糖没有被用于运动员身上主要是因为价格，近些年的新技术已经可以用性价比较高的方式提取核糖，所以核糖也作为一种补剂得到了应用。

1. 核糖与ATP

运动员使用核糖的目的是为了在高强度的重复训练结束后加快ATP的合成。核糖同样还会对能UTP发挥作用，我们在后面会进行介绍。它的目标是增长力量或减少力量流失，最适合使用核糖的运动员是肌肉力量训练者或短跑运动员。

核糖：一种很难控制的补剂

对于在休息中的肌肉而言，核糖的作用比较有限。但是，它可以加快高强度训练后的肌肉细胞ATP的合成速度，也可以提高细胞外ATP的水平。ATP可以像神经调节器一样增加肌肉力量并且减轻大脑的疲劳感，同时还具有扩张血管的作用。

2. 核糖对运动员的影响

有关核糖作用的研究来自Antonio的（2002b），在4周内，一组年轻的男性肌肉健身爱好者每天补充10克核糖，另外一组补充安慰剂。结果显示，服用安慰剂的一组卧推极限提高了2.2千克，而服用核糖的一组则提高了3.6千克；他们在体重相同的情况下进行10组卧推，结果表明服用核糖的一组累计总次数增加了19%，而服用安慰剂的一组提高了12%。虽然力量水平有变化，但是核糖并没有带来任何肌肉生长的改变。

核糖还被人们认为可以加快身体恢复，但效果轻微。在高强度的重复训练前补充核糖，可以减轻随训练组数的增加所出现的力量减弱。核糖似乎无法使两次训练间的身体恢复速度加快。

3. 不同的反应

研究表明，有很多人对于核糖的反应较差，特别是在摄入量较少时（每天补充1克）。因此，推荐使用一定的剂量核糖来解决部分人对于核糖不敏感的问题。运动员的训练容量越高，越能体现核糖的价值。

4. 核糖的副作用

核糖最大的问题便是会导致明显的低血糖。如果在空腹状态下或没有吃很多东西时补充核糖，那么便会出现力量的流失，很难集中注意力，缺少碳水化合物时可能会出现头疼。必须在提前摄入大量糖后使用核糖，同时不要在补充核糖后休息，而一定要运动起来！推荐采用循序渐进的方式补充核糖，每天摄入量不要超过10克。

核糖经常会与肌酸组合用，肌酸同样会导致轻微的低血糖并且不应在训练前使用。建议避免同时补充这两种物质。

5. 如何使用核糖

使用的最好核糖的方式是在训练前或比赛前补充，在训练后补充是没有什么用处的。核糖无法加速身体恢复，但可以延缓疲劳的出现。训练后服用核糖可以解释某些研究报告中核糖缺乏作用。某些研究表明，当使用剂量太低时核糖无法发挥作用。

▶ 注意！

当我们进行高强度重复练习时，核糖是很好的补剂选择。但是它的价格较贵，因此使用起来并不是特别容易。

左旋UTP

尽管就能量而言，UTP并不像细胞内ATP那样有效，但是它在肌肉收缩过程中也扮演了重要角色。这种能量特性使运动员对它十分感兴趣。在训练时，运动员会增加对UTP的使用；与肌酸主要作用于快肌纤维相反，UTP会优先提高慢肌纤维的能量储存。

1. 左旋UTP对于耐力的作用

Coirault在1960年的研究中指出，自行车运动员持续4天每天补充3毫克UTP，可以使他们的1小时骑行距离增加1.5千米，意味着耐力水平提升接近10%。而补充10毫克UTP时，骑行距离增加了3.5千米，意味着耐力水平提升约18%。但是在这种情况下，运动员出现了持续的疲劳感。也正是因为这个原因，我们不建议大量使用UTP。

对于耐力运动员而言，每日补充2毫克UTP和维生素B12、B6，可以增强它对肌肉的作用。这种作用对于在使用UTP前已处于疲劳状态的运动员是很有帮助的。

2. 左旋UTP的作用机理

▶ UTP可以提高肌纤维中钾的浓度并且排出钠。这种不平衡现象有助于减轻疲劳感，加速身体恢复，促进合成代谢。

▶ 它在肌糖原的合成中扮演着重要角色。

▶ 它具有扩张血管的作用。

▶ 它是一种神经兴奋剂。

3. 如何使用UTP?

UTP是一种很古老的补剂，价格便宜，效率不高。运动员不应使用过高的剂量，否则便会导致危害。对于多数运动员而言，每天补充1毫克UTP足以获得耐力水平的提升。

左旋ATP

如果ATP在合成代谢、力量以及耐力中扮演着重要的角色，那么为什么不直接使用ATP类补剂呢?

ATP类补剂主要用于静脉输入以便对抗一些癌症。ATP最大的问题是如果通过口服方式补充，那么在消化过程中便会被严重破坏（Arts，2012）。Abraham在2004年进行了一项研究，持续14天每天通过口服的方式补充225毫克ATP，结果显示只有部分使用者的运动表现力得到了轻微的改善。特别是当肌酸和核糖类补充出现以后，目前不推荐使用ATP类补剂。

肌苷

肌苷作为运动补剂同样也已过时。肌苷曾被认为可以增加肌肉力量并且促进ATP合成和肌肉氧合作用。医学研究并没有发现肌苷对于运动表现力的作用；相反地，肌苷会促进肌肉的分解代谢。

pH调节剂

当高强度训练时间较长时，乳酸便会大量增加。例如，在MMA比赛中，血液中乳酸水平会提高10倍（Amtmann，2008），会导致疲劳的过早出现。为了避免这个问题，我们需要尽可能中和这种酸。这也是pH调节剂类补剂的作用。pH调节剂它们主要是碳酸氢盐和柠檬酸钠。

基础的碳酸氢盐需求

为了中和机体日常产生的酸，每天需要补充大约6克的碳酸氢盐。但是在训练过程中，机体会产生更多的酸而无法制造更多的碳酸氢盐，此时便需要采用pH补剂进行补充。

研究说明了什么?

McNaughton在1992年的一项研究中指出与使用安慰剂相比，1分钟竞速自行车运动员补充柠檬酸钠可以获得更好的成绩。其中，用量（每千克体重补充0.5克）是提升成绩的最关键因素。

对于高水平的耐力运动员，使用同等量的柠檬酸钠可以使他们完成3千米比赛所需的时间减少10秒（Shave，2001）。这类补剂在比赛结束时会产生它的异源性作用。

在8周的时间里，参加集体项目的女子运动员每周在三次训练前补充每千克0.4克碳酸氢盐或安慰剂（Edge，2006），一半剂量在训练前90分钟补充，另外一半剂量在训练前30分钟补充。结果表明，服用安慰剂的一组耐力水平提高了123%，而服用碳酸氢盐的一组则提高了164%。

高水平拳击运动员在拳击比赛（4个回合，每个回合3分钟，回合间休息1分钟）前90分钟补充每千克体重300毫克碳酸氢钠（Siegler，2010）。结果表明，在比赛开始前，拳击运动员的血液中酸性水平较低（pH : 7.43），而使用安慰剂的一组则是（pH : 7.37），这意味着服用碳酸氢盐的运动员在比赛开始时会更有优势。

在拳击比赛结束时，服用碳酸氢盐的运动员血液中酸性水平依旧较低（pH : 7.22，使用安慰剂的一组为pH : 7.17），肌肉的麻痹现象减轻，运动能力得到了提升。另外，碳酸氢盐的补充增加了5%的击打次数。碳酸氢盐的效果在从第三回合开始现象，一直持续到第四回合。

平均来讲，pH调节剂可以提高1%～2%的力量或耐力水平（Carr，2011）。这个看起来很轻微！幸运的是，只要遵循一些常识规则，那么我们便可以从pH调节剂中获得更多有益的帮助。

严重的副作用

目前，pH调节剂的使用并不是十分广泛，因为它容易导致某些副作用或增加已存在的消化吸收方面的问题。Shave在于2001年进行的一项研究中指出，

9名受检测者中有8人出现消化吸收方面的副作用，主要表现为胃胀或腹部胀气，导致腹泻。这种现象也解释了为何并非所有的研究都能够发现pH调节剂的作用。

此类问题主要是由受测者摄碳酸氢盐过量导致的，因此一定要注意使用量的问题！

谨慎开始！

碳酸氢盐或柠檬酸钠与其他补剂不同，如果错误使用，所产生的副作用要远大于实际价值；合理使用时，便不会产生副作用并且还可以给我们带来很大的帮助。因为价格相对较便宜并且比较容易获取，所以碳酸氢钠相比柠檬酸钠更加流行。

理解碳酸氢盐的使用要求

使用碳酸氢盐时要注意的第一个问题便是少量。从化学方面讲，当碳酸氢盐遇到胃里的酸性物质时便会产生二氧化碳。因此，大量摄入碳酸氢盐是十分危险的。

很明显，我们不希望在胃中产生这种现象，这会让我们胃胀、打嗝，很不舒服。从另外一个层面讲，摄入的碳酸氢盐被破坏并产生了副作用，不但不会发挥积极作用，反而使我们不舒服并浪费金钱。

因此，短时间内大量摄入碳酸氢盐是十分危险的，因为产生大量的气体，我们的胃会膨胀并产生比较明显的杂音。

在补充碳酸氢盐前，我们一定要通过喝水的方式提高胃里的pH；不能补充氨基酸或蛋白质，因为蛋白质会导致胃中的pH降低。相反，喝水可以暂时提高pH，并且会使少量碳酸氢盐转化为二氧化碳。水的来源方式有很多，可以是能量饮料。

如果在补充碳酸氢盐后出现打嗝，那么这意味着将胃内容物的pH并没有升高足够，或者在短时间内摄入碳酸氢盐过多。这种打嗝有助于仔细调整碳酸氢盐的用量。相反，如果没有不适的，那么意味着一切都没有任何问题！

当摄入碳酸氢盐后出现胃肠胀气、腹泻时，意味着摄入量过多。事实上，碳酸氢盐会改变肠道pH环境，不利于肠道内正常存在的微生物的存在。幸运的是，机体会快速适应然后碳酸氢盐会毫无障碍地穿过肠道，即使是在摄入量较高的情况下也是如此。

初期使用多少剂量?

在刚开始使用碳酸氢盐时，建议每天最多补充1克。我们的目标是使身体接受并习惯碳酸氢盐。如果一切都没有任何问题，那么在第二天可以试着增加用量。

如果你感到了消化吸收的问题，那么建议降低碳酸氢盐用量直到无不适感，然后保持这个用量几天，再重新回到较高的用量上。

▶注意!

因为这些副作用的关系，pH调节剂并未得到广泛应用。

需要达到多少剂量?

这个需要根据你的目标来进行判断，具体的用量可以在每天5～20克不等。每天规律性补充超过20克的碳酸氢盐并没有什么用处。应循序渐进地增加摄入量，盲目参照之前我们列举的研究中的用量没有任何意义。这些用量往往较高，并且只会使用一次。

PH试纸：好还是不好?

使用pH试纸进行尿液检测来判断血液的酸碱性是骗人的，不要相信这种方法。另外，Goraya教授在2018年指出，无论多么复杂，没有任何测试可以检测血液酸度的升高，而这种升高在长期内可能是病理性的，尤其是对于肾脏而言。

只有当酸碱失衡发展到一定程度后，临床测试才能证明这一点。也正是因为这个原因，我们推荐运动员补充碱性物质以便更好地保护他们的肾脏（见第五章）。

第三章

维生素、矿物质、抗氧化剂、必要脂肪酸以及绿色食物

对于运动员而言，满足身体对于微量营养素的需求，对于保持身体的运动表现力以及面对下面三个问题是至关重要的：

- 耐力；
- 力量；
- 出汗量增加。

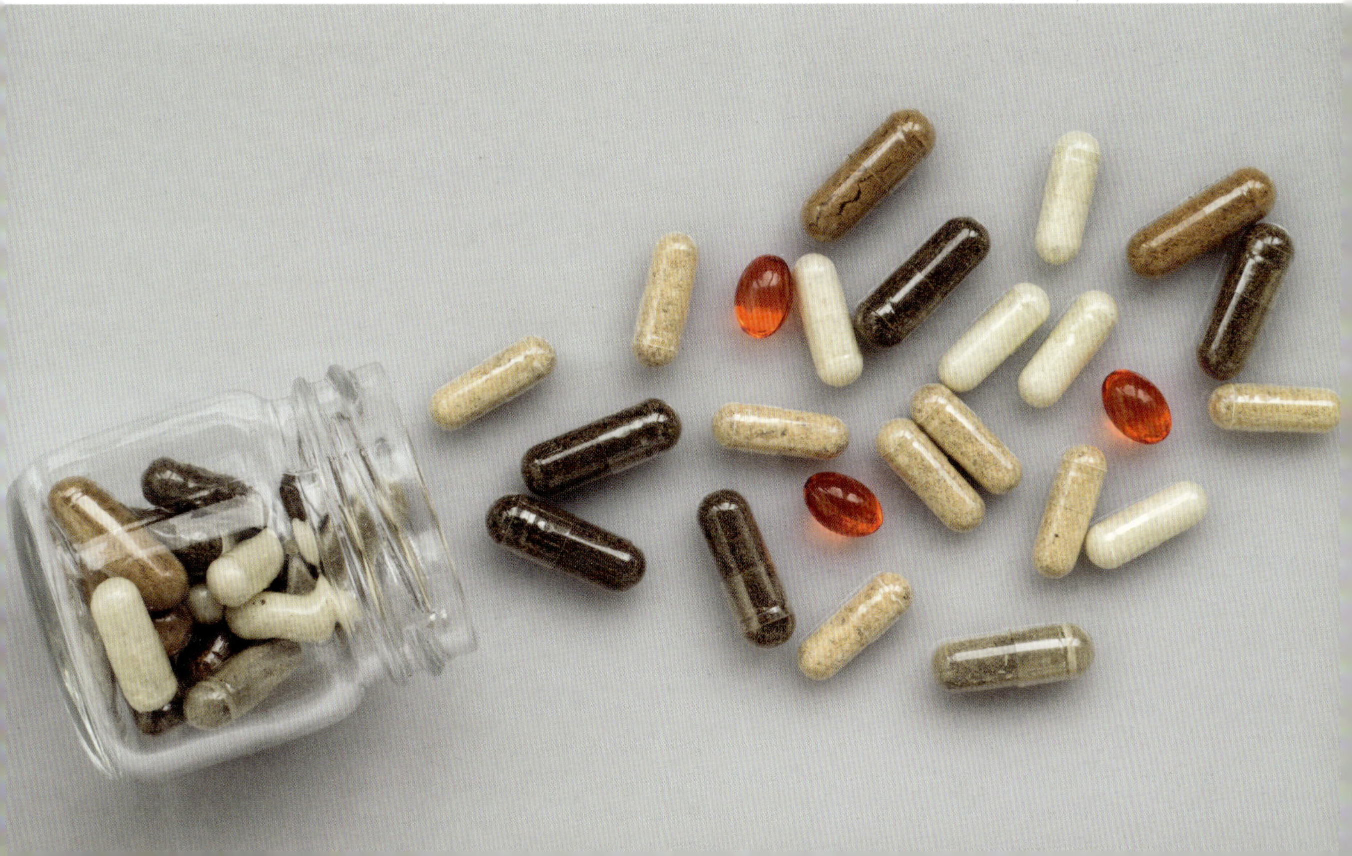

为什么要补充维生素和矿物质？

关于微量营养素的补充一直有争议。从理论上讲，运动员的饮食结构应做到平衡，即必须满足运动员所有维生素和矿物质的需要。但是，根据对没有训练习惯的法国人的微量营养素摄入情况的调查，我们发现很多人并未能满足机体需求。同时，运动员日常规律性的训练会增加其微量营养素的流失，因此也就需要额外补充。

一些与补充维生素、矿物质和抗氧化剂相关的研究

一项对12 000名35～60岁法国人的关于补充维生素、矿物质和抗氧化剂的大型研究，展现了法国人的饮食结构特点。

研究发现，很大一部分人无法满足自己的营养需求，例如，平均只有88%的男性和78%的女性可以满足机体对镁的需求；而对于23%的女性和18%的男性而言，他们的摄入量甚至达不到自身需求的三分之二。3%的人无法满足自己身体对硒的需求，75%的男性和83%的女性的血浆硒水平不理想（Arnaud，2006）。25%的女性缺少铁，在男性中这个问题相对少见。

Guinot在2000年的研究展示了法国人维生素D的摄入情况，显示其维生素D摄入极少，11%的人缺乏维生素D。除了饮食以外，晒太阳也是影响维生素D水平的主要因素之一。

皮肤受太阳光照射后可以产生维生素D。对于从来不晒太阳的人而言，维生素D缺乏的水平会上升到24%。对于有轻微晒太阳习惯的人而言，这个数字

会变为16%。而对于经常晒太阳的人而言，这个数字会下降到平均值以下，约9%。

补充维生素、矿物质和抗氧化剂的研究表明，持续7年以上补充抗氧化剂可以使男性癌症患病率降低31%，但对女性而言则没有任何明显价值。这是因为在补充抗氧化剂前，女性机体的抗氧化水平已经优于男性。这些研究表明，运动员的抗氧化剂摄入没有达到理想目标，需要每日补充120毫克维生素C、30毫克维生素E、6毫克β－胡萝卜素以及100微克硒和20毫克锌。

补充维生素、矿物质和抗氧化剂的限制

在考虑上述关于补充维生素、矿物质和抗氧化剂的研究是否可以很好地反应法国人的特点时，可以发现虽然研究中的数据都是十分精细的，但是还是存在轻微的偏差从而会导致结果产生一定偏倚。事实上，这些志愿者每天使用这类补剂超过7年，是为了改善他们的身体健康。关于补充维生素、矿物质和抗氧化剂的研究，是针对更关注自身健康的人进行的。

在这项研究中表现出来的问题，对于大部分人都是比较常见或严重的，较年轻的受检测者相对更加不注意自己的饮食，他们的肥胖率极高。进行补充维生素、矿物质和抗氧化剂的研究，是为了尽量减少我们在营养摄入时的问题。

运动员的微量营养素补充

有很多科学研究探讨了运动员自身微量营养素的状况。从理论上讲，我们很难在研究中发现所有的数据都是积极的。其中，关于维生素、矿物质和抗氧化剂的摄入量受到了质疑。Finaud在2003年通过研究指出，对于高水平的法国橄榄球运动员而言，其镁、钙、锌和维生素C摄入量相对较少。

所有的体育生的身体中都缺乏足够的维生素E（Groussard，2004），73%的人同时缺少维生素C。对于耐力型长跑运动员而言，95%的人缺乏维生素E（Machefer，2006）。有32%的长跑运动员摄入量与维生素C和β胡萝卜素的不足。在限制饮食的情况下，在一些运动中体重较轻的运动员中，上述问题会变

得更严重。

关于对10 000名从7～50岁的法国人的研究指出，50%的人每日钙的摄入低于必要的1克（Guezennec，1998），13%的人低于500毫克。

训练与微量营养素丢失的关系

从理论上讲，规律性的训练会增加机体对微量营养素的需求，一些身体现象，如氧化应激反应、尿液和汗液的增加等，都会增加机体对微量营养素的需求。

Wenk在1993年根据对运动员在21℃的环境中进行10千米全力奔跑时出汗所带来的矿物质流失进行了研究。在40分钟的时间内，他们平均流汗1.45千克，其中含有20毫克钙、5毫克镁、200毫克钾和800毫克钠。

DeRuisseua在2002年对自行车运动员的研究中指出，当他们在23℃的环境下以50%最大摄氧量进行2小时骑行练习时，男性运动员的铁流失达到3%，女性运动员为1%；男性运动员的锌流失达到9%，女性运动员为8%。

Klesges在1996年对大学篮球运动员的研究中指出，每次训练课他们会流失442毫克的钙；出汗越多时，其矿物质流失越严重。

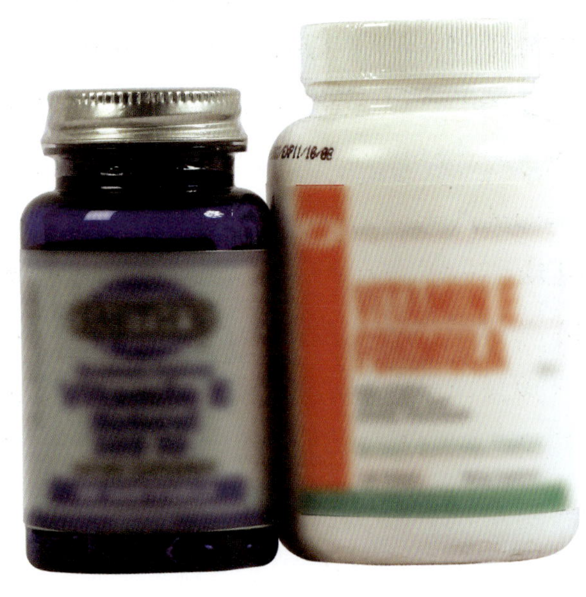

补充多种维生素/矿物质对运动表现力的作用

既然研究表明大部分法国人的微量营养素摄入水平较低，并且运动员需要增加相关营养的摄入量，那么为什么不考虑使用补剂呢？运动员可以通过补充维生素/矿物质补剂来改善自己的运动表现力，但大多数研究并不支持此观点。

一些较早的研究指出，对于高水平击剑运动员而言，70%的人存在B族维生素摄入不足的问题（Dam，1978），补充多种维生素和矿物质补剂可以使他们的运动表现力提高3%。

Hausswirth在2006年指出了补充维生素和矿物质对耐力型运动员的价值。一组长跑运动员在检测前21天持续补充维生素B、C、E，以及镁、锌、铁、锰、铜和硒等。在6小时的长跑练习结束后4小时，使用补剂的一组运动员的肌肉恢复要远强于使用安慰剂组，后者需要额外的24小时才可使身体得到恢复。

Fry在2006年的研究表明，对于男性健身爱好者而言，持续8周补充液态的维生素和矿物质补剂，并没有使他们的运动表现力发生任何改变，但可轻微延缓疲劳的出现。不幸的是，很多研究都未能证明其有效性。Weight在1988年的研究中指出，长跑运动员持续9个月补充多种维生素和矿物质类补剂并没有提高他们的成绩，证明了Singh在1992年所进行的时长3个月的研究。这种情况主要与血浆中维生素和矿物质的水平提升困难有关。对于8种维生素而言，维生素B1、B6、B12以及叶酸可以通过7～8个月的补充以及训练得到提高（Telford，1992）。但是，维生素B2、C、E和A则没有明显变化。

这些结果表明，微量营养素类补剂的作用更多在于改善身体健康方面的问题（见第五章）而非提升运动表现力。除非身体明显缺乏这些元素，否则运动表现力并不会因为补充这类补剂而得到明显提升。

铁的问题

关于铁的补充存在很多问题，值得我们特殊注意。20%～47%的北美女性运动员有铁缺乏现象，而男性则只有2%～13%（Clarkson，1995）。这种区别主要是因为女性吃的比男性少，因此她们对铁的补充相对男性就要少一些，但同时因为生理因素她们对铁的需求相比男性更多。

运动员相对比较容易缺乏铁元素，主要是因为下面一些原因：

- 饮食中缺乏通过动物（肉或鱼）补充的蛋白质。
- 高强度训练会减少机体对铁的吸收。
- 若干因素可以间接导致铁元素流失的加剧：如出汗（每升含铁470～530微克）、排尿（血尿），7%～90%的运动员在马拉松比赛中会有上述表现。胃肠出血可导致铁元素流失1～3毫克。
- 对于女性而言，长期大量训练（持续5天）会不可避免地导致铁的短暂缺乏。
- 所有的流血都意味着铁的流失。因为我们至少有三分之二的铁（2～5克）储存于血液中。
- 在攻击红细胞的同时，自由基会加速铁的流失。

少量补充铁很难对抗疲劳或改善贫血，短暂补充铁对于提升运动能力的表现也是令人失望的。因为当机体出现铁缺乏的表现时，至少需要三个月的时间进行持续补充才能解决这一问题。大量补充铁容易导致严重的身体健康问题，因为这会加速身体中铁的堆积。与女性每个月都会有月经现象不同，男性的铁流失相对较少（每天1～2毫克），所以男性大量补充铁形成毒性的可能性更大。

轮流补充铁

降低训练强度可以使血中铁的水平升高，因为这会使我们对铁的消化吸收能力恢复正常。

Aguilo在2004年的研究发现了一个可以使运动员机体内的铁水平保持正常的方法：对于耐力训练爱好者而言，他们会在1周内平均进行14个小时的练习，持续3个月这样的练习会使得血液中铁的水平降低24%。当他们持续30天补充抗氧化剂（500毫克维生素E和30毫克β胡萝卜素）并在最后15天同时补充1克维生素C时，他们的铁的水平并没有出现任何下降。这意味着训练中的氧化应激反应会直接导致机体内的铁的水平下降。维生素C在这里则主要扮演着改善对铁的消化吸收能力的作用。

▶注意!

运动员可以通过规律性补充红肉的方式达到对铁的补充。

抗氧化剂：必不可少的、无用还是会产生副作用?

自由基是缺少一个电子的分子，因此它会攻击机体的细胞来获得一个电子，从而导致细胞破坏。机体自身会生产自由基，而训练也会使刺激自由基的出现。根据训练类型的不同，机体内的自由基会增加2%～10%。主要的原因是因为呼吸和循环加速带来的氧气供应增加。此外，肌肉重复收缩所带来的肌纤维破坏也会形成自由基。

Uchiyama在2006年对训练中氧化应激反应与肌纤维破坏之间的关系进行了研究，利用公鼠进行测试并让它进行“肌肉力量练习”。结果显示，因为自由基的形成，其细胞受到了破坏。

关于小家鼠和老鼠的实验，对于理解训练与自由基的关系很有帮助。

此研究的新颖之处在于指出了训练后会发生氧化攻击现象，即在训练结束后自由基会立即向机体细胞发起攻击。这种自由基的增高是由训练时细胞缺氧和随后的氧气重新输入引起的。自由基的二次攻击是在训练结束后24～72小时发生的。二次攻击出现的速度与疲劳出现的时间有关。

这个发现为我们使用抗氧

化剂减少在训练中的肌肉破坏提供了有力证据。不过我们仍然需要注意的是，研究只分析了在训练结束后立即补充抗氧化剂的作用。

两种抗氧化剂

我们可以将抗氧化剂分为两类，其中一种是外部摄入的，如维生素A、C、E以及矿物质，包括锌，硒等；另外一种是我们身体自己可以生产的，如SOD或谷胱甘肽。

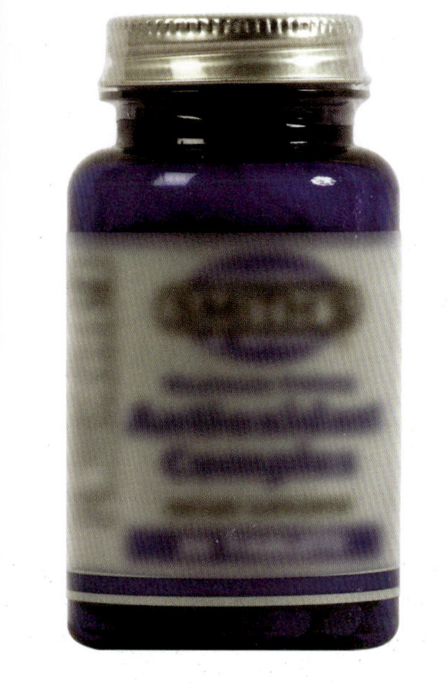

训练与抗氧化剂的关系

规律训练可以增强机体的抗氧化防御能力，适当的训练通常与天然抗氧化剂保护作用的增强有关。训练强度与训练时间发生变化时，训练所带来的作用也会发生变化。例如，对于足球运动员而言，尽管自由基活动会增加，但是他们身体的抗氧化能力比没有训练习惯的人要高25%（Brites，1999）。极限强度训练会容易使我们的抗氧化防御能力降低（Machefer，2006）。在过度训练的情况下，自由基会形成增加，超出机体的防御能力。很多研究结果存在差异的原因主要是由于目前还没有一种直接和可靠的方法来测量自由基的产生水平。如果只是间接估计，那么结果是很难令人满意的。

补剂的作用

抗氧化剂一般都会组合使用而不会单独使用，因为它们的作用是互补的。例如，因为脂溶性的关系，维生素E会在到细胞膜发挥抗氧化作用。相反，维生素C是水溶性的，可以在细胞内。因此，即使我们单独补充大量的维生素C或维生素E，效果也不会有组合使用维生素C和E好。

如果抗氧化剂可以在某种情况下减少训练后细胞的分解代谢，那么它便会提升我们的运动能力。Watson在2005年的研究中指出，如运动员2周内饮食缺乏抗氧化剂时，他们在训练中会感到更加强烈的疲劳感和氧化应激反应的增加。这是由于抗氧化剂缺乏导致血液中脂肪酸水平下降所导致的，进而会导致机体搬运脂肪的能力下降（见第六章）。自由基在肌肉疲劳中扮演着重要角色，补充抗氧化剂可以延缓疲劳的出现，但是这个观点依旧没有得到很好的证明。

Kinsherf在1996年的一项研究中，把网球运动员分成两组，每周在进行肌肉力量训练的同时补充3次200毫克NAC或安慰剂，持续1个月。这种训练方式是为了快速导致过度训练，这种现象可以通过血液中谷氨酸盐水平的升高，以及谷氨酰胺、精氨酸和胱氨酸水平的下降来确定。研究发现，使用NAC的肌肉被破坏的现象减轻了一半，并未出现使用安慰剂组出现的脂肪堆积现象。结果表明，过度训练会导致肌肉中谷胱甘肽水平下降，随后导致细胞严重破坏。这可以通过补充谷胱甘肽的前体，也就是NAC进行预防。

这类研究在所有有关抗氧化剂的研究中是少数。对于自身抗氧化剂含量较少的运动员而言，抗氧化类补剂的主要作用还是在于改善身体健康（见第五章）。例如，对于每周进行7.5小时跑步练习的运动员，持续1个月每天补充不同剂量的维生素E＋维生素C。其中，补充维生素的一组每天补充维生素C227毫克、维生素E60毫克；而对照一组，每天补充维生素C162毫克、维生素E15毫克。抗氧化剂的作用主要在于提高中性粒细胞（免疫细胞）中维生素E和维生素C的水平。此研究意味着（但并不能证实）抗氧化剂对训练结束后较弱的免疫系统可以有保护作用。

有些研究者质疑氧化应激反应的重要性，特别是它可能导致运动表现力的降低和肌肉分解代谢的提高。需要注意的是，自由基并不是只有不良作用，它也能迫使身体适应运动员提出的要求。在氧化应激反应中，机体会增加保护酶的水平（如SOD）。使用抗氧化剂在某些情况下可以限制这种机制的保护作用，进而导致运动员变得依赖补剂。

什么时候抗氧化剂会起到反作用

补充抗氧化剂可以保护我们的身体，过量补充抗氧化剂则会产生反作用。我们可以在第五章中看到维生素C与疲劳的例子，在这里我们可以举另外一个例子，即Childs在2001年做的实验。在这项实验中，他指出当在训练结束后补充维生素C以及NAC时，会加速而不是减少细胞的破坏。如果你平时就会摄入过多的水果和蔬菜，便不建议使用抗氧化类补剂；如果你平时不吃或只吃很少的水果和蔬菜并且训练强度较高，那么这类补剂会起到一定的作用，至少会对你的身体健康有所帮助。

什么补剂最好冷藏保存?

建议（但不是必须）对富含维生素以及Omega-3、Omega-6、Omega-7、Omega-9的补剂冷藏保存。因为随着时间的推移，此物质的分子也会逐渐被破坏，而冷藏则可以减慢这种破坏。同样，如果富有维生素或Omega-3的补剂是装在透明瓶子里的，建议更换为不透亮的瓶子，因为光线也会使它们被破坏的速度加快。

对于粉剂类而言，如蛋白粉、氨基酸、肌酸或一些促激素类补剂，其分子比较稳定，因此没有必要冷藏保存。但是，我们还是要注意防潮以及周围环境温度不要过高（如不要在夏天将它放在车里面）。

蛋白质与水或牛奶混合后，那么它的有效时间很短。环境气温越高，其会变质越快，并会散发出一股很糟糕的味道。相反，如果你将它们完全摇匀并且放在冰箱里，那么它们的有效时间便会延长。唯一的问题在于当你补充时它们的温度较低，可能对消化系统有刺激性，此时可以加入热至常温后服用。

必要脂肪酸

脂肪酸总共有三大类：

- 饱和脂肪酸：低温下可自行凝固，我们通常称为坏脂肪。
- 单不饱和脂肪酸：主要是橄榄油。
- 多不饱和脂肪酸：如Omega-6（月见草油）、Omega-3（鱼油）以及CLA。

这三种脂肪酸对于我们的身体健康都是不可或缺的，因为我们的身体并不能够自己合成，这也是我们将其命名为“必要”的原因。它们的重要性在于脂肪可以保护细胞膜。细胞膜的脂肪反映了我们对日常饮食中对脂肪的吸收（Andersson，2002）。部分研究表明，细胞膜的脂肪会影响其生理作用，与富含大量多不饱和脂肪酸的细胞膜相比，富含饱和脂肪酸的细胞膜的活跃度较低。良好的脂肪酸水平与身体运动表现力的改善有关（Agren，1991；Brilla，1990）。

不稳的不平衡性

在关于补充维生素、矿物质和抗氧化剂的研究中，Astorg在2004年指出，95%的受检测者只能满足机体对Omega-3需求量的一半多，Omega-6的摄入量与需求量基本一致。他们的Omega-6/Omega-3的比率（11）对于身体健康而言过高，意味着他们补充的Omega-6是Omega-3多的11倍，而理想状态下这个数字最多不能超过5。

并不是所有的脂肪都具有负面作用，部分脂肪对我们的身体健康是不可或缺的。

如果我们关于DHA和EPA的补充是合理的，那么Omega-3补充不足的问题便是因为食物中缺乏鱼或海鲜。正如我们前述研究中提到的，受检测者对于鱼的摄入要超过大部分法国人。运动员的脂肪摄入是相对较高的，其中男性需要补充总能量的36%，而女性则需要补充总能量的38%。身体缺乏必要脂肪酸，会在我们控制脂肪摄入时表现得更明显。

必要脂肪酸与体育运动

Chos在2001年关于高水平法国运动员的血浆脂肪酸水平的研究中发现，存在大量脂肪不足的现象（主要是Omega-3，当然也有一定的Omega-6），80%的国际级游泳运动员缺乏必要脂肪酸。Finaud在2003年确认了这种不平衡现象，认为运动员摄入了过多的饱和脂肪酸，对必要脂肪酸的摄入反而较少。年轻的足球运动员存在着饱和脂肪酸摄入过量的现象，对多不饱和脂肪酸的摄入则相对较少（Ollier，2006）。为了保证理想的运动表现力，运动员需要补充Omega-6，尤其是Omega-3的补充。对于Omega-6而言，主要是带来GLA。而对于Omega-3而言，主要是它的EPA和DHA含量。

注意！

大量摄入多不饱和脂肪酸，会使得细胞在氧化应激出现时变得更加脆弱。

CLA

CLA也叫共轭亚油酸，CLA依旧被划分在非必要脂肪酸一类，即使部分医生指出需要重新审视这种分类（Banni，2004）。CLA主要存在于动物脂肪或牛奶中。

Pinkoski在2006年的试验中表明，当受检测者使用5克CLA或安慰剂并进行7周的肌肉力量训练时，使用CLA的一组肌肉分解代谢现象出现一定程度的降低，并且肌肉增长速度相对较快（1.4千克，使用安慰剂的一组只有0.2千克）。同时，使用CLA的一组脂肪减少更加明显。当使用安慰剂的一组在7周后开始使用CLA时，他们的分解代谢程度同样开始降低，但是肌肉量并没有任何明显的增加。大部分研究表明，CLA对于人体的作用是令人失望的，大家可以查阅第六章有关CLA对减脂的作用。

CLA的价值是否已经被证实?

益生菌和益生元

这类补剂是十分有名的，特别是一些富含双歧杆菌或其他菌的乳制品。补充益生菌可以使我们的肠道更加健康，而补充益生元则对我们的消化系统有益。我们的目标是提高“好”的细菌数量，从而将“坏”的细菌排出，这两种细菌在肠道中会产生竞争，数量较多的一种细菌便会使数量较少的一种排出。

长期以来，关于富含益生菌类补剂的问题主要在于其所含细菌比较脆弱，必须采用冷藏的方式保存。然而这种持续的冷藏现象是很难实现的，我们经常能够看到有很多含益生菌类乳制品在展示柜中处于较热的灯光照射下。为了保证质量，我们必须确保采用冷链运输。

目前，已经有一些可以在常温状态中保存的益生菌类补剂出现，冷藏不再是必需的，这对于我们提高饮食中对益生菌的摄入是十分有帮助的。例如，凝结芽孢杆菌可以直接放入盛蛋白粉的桶中，这种组合的目的在于：

- 促进氨基酸的吸收，特别是亮氨酸和谷氨酰胺；
- 防止在高热量以及高蛋白饮食条件下所导致的吸收困难引发的胀气。

凝结芽孢杆菌同样可以抵抗胃酸。为了更好地保证它的效果，建议与富含蛋白质类的补剂或增肌粉一起服用。

建议在使用这类补剂前一定要仔细阅读外包装上的成分列表，因为耐热细菌现在依旧是少数，所以我们必须要确保这类补剂中是否真的含有这类细菌。如果外包装上并没有特殊标注，那么很有可能意味着它含有的还是之前需要冷藏的细菌。

益生元则不会有这方面的问题，因为它并不含有任何活的细菌。它是一种可以促进肠道内“好”的细菌发展的纤维。果糖低聚糖和菊粉便是比较典型的例子（见第六章）。为了获得更好的效果，最理想的方式是同时补充益生菌和益生元。

微生物对于运动员的价值

长期以来，苏联举重队的教练Vorobiev建议举重运动员使用微生物制剂。推荐早晚都摄入发酵牛奶，以便保证正常的消化吸收功能。在近些年来，微生物类补剂已经在运动员中广为流传。

对于平均每周训练13小时的耐力型运动员而言，91%的受检测者有肠道菌群紊乱的现象，即“好”的细菌数量较少，而“坏”的细菌数量较多，会导致肠道吸收困难和发生感染的危险（见第五章）。持续补充4周的益生菌和益生元可以解决这个问题并且优化肠道免疫力，后者经常因训练受损（Berg，1999）。

Chos在1999年同样指出，肠道菌群的不均衡现象同样见于法国游泳队运动员，每日补充发酵乳制品可有助于提高成绩。

第四章

植物与适应原

关于植物类补剂一直是存在争论的：

- 有的人认为，植物类补剂提取自植物，因此它们没有任何危险性。不过，有些植物的确是有毒。
- 对于另外一部分人认为植物类补剂没有任何效果，与安慰剂效果一样。

补剂

植物产品的分类

人参

这是一种应用非常广泛的植物，用来治疗一些可能存在或想象中的疾病。运动员对它的滋补功效很感兴趣，但是这种功效是很多研究中一直是存在争议的。

人参：很出名但却存在极大争论。

在30天的时间内，没有训练经验的男性和女性使用胶囊（3粒）每日补充1.35克人参，其中2粒在早餐前使用，1粒在晚餐前使用（Liang，2005），受检测者需要在跑步机上进行有氧训练直到身体明显疲劳。结果发现，使用人参的一组的疲劳产生时间推迟了1.5分钟；使用人参和使用安慰剂的一组都出现了明显的氧化应激现象，但是使用人参的一组相对较轻；使用人参的一组SOD水平得到了提高，这也解释了为何这种植物有助于抵抗自由基的攻击以及提升运动表现力。

在每天使用400毫克人参并持续4周后，耐力型训练后肌肉分解代谢水平降低了20%（Hsu，2005），但是在提升运动表现力方面则没有任何表现。

足球运动员在每日补充350毫克人参并持续6周后，部分精神方面的运动表现力得到了提升，如反应时间，这点在休息时和训练中都是一样的（Ziemba。1999）。同时，耐力水平则没有得到任何明显提高。

对于部分铁人三项运动员而言，在赛季开始前持续10周补充人参并没有带来任何运动表现力的提升（Van Schepdael，1993）。但是，在赛季结束前10周使用人参时，他们的运动表现力下降得到了一定程度的限制。Reay在2005年的研究表明，运动员精神方面的能力可以通过每天补充200毫克人参而得到快速提升。

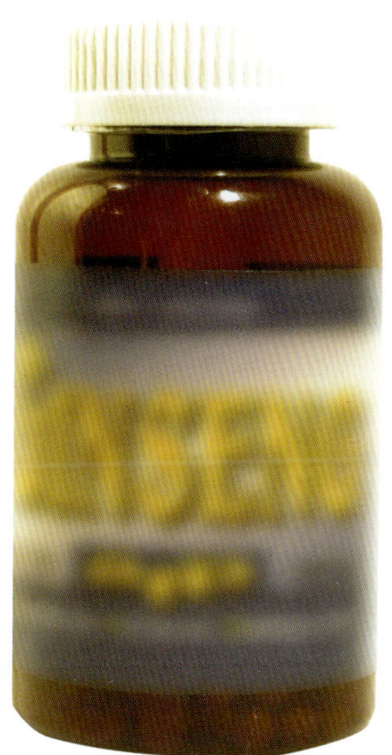

注意你的人参补充来源。

对于男性而言，持续8周每天补充400毫克人参并没有带来任何运动表现力以及身体恢复方面的改善（Engels，2001）。

所有的人参都没有效果

优质的人参根在使用时应该已经生长至少5年，并且在秋天进行收集。在商场内见到相关产品时，我们很难保证这类产品的原料符合与我们前面所说的这些条件。这种质量问题以及人参来源的多样性，导致了目前对人参对于运动员的作用存在较大的争议。

人参中的咖啡因（也可能没有）是可能对运动能力有影响的因素。部分色谱研究表明，西洋参缺少咖啡因，而亚洲人参却富含咖啡因（Vaughan，1999）。

人参的副作用

人参中咖啡因含量的不同会导致一些副作用，如烦躁、易激动等。如果人参中的咖啡因的确可以发挥一定作用，那么我们完全可以直接使用咖啡因，不仅价格较便宜，同时还能避免这种植物中咖啡因浓度不确定的问题。即使它里面含有咖啡因，但是很多动物研究表明人参会限制脂肪的搬运，对于提升耐力水平是有潜在阻碍作用的。其次，人参并不能明显影响促进合成代谢的激素的分泌，它对于免疫系统的调节作用同样存在较大争议。

> **注意！**
>
> 不要将朝鲜人参与西伯利亚人参或刺五加相混淆。

刺五加

▶ 刺五加：一种过时的补剂

也被称为西伯利亚人参、刺五加、五加树等。它与前面提到的人参同属一族，但不应将其与之混淆。有关刺五加的研究相对更少，很多研究结果表明它没有明显效果。对于高水平的男性和女性长跑运动员而言，每天补充60滴刺五加液并持续6周，结果显示他们在每小时10千米跑以及最大速度奔跑时的运动表现力都没有任何改变（Dowling，1996）。

植物类补剂的问题

植物类补剂存在着一些内在的问题。首先，即使一种植物已经被证明了它很有功效，但是这并不意味着以补剂的形式进行补充同样有效。所有的植物提取物，即使它们的名字一样，但是功效也并非一样的。为了区分这点，我们可以以牛肉为例进行说明。牛肉的质量与其产地、部位以及屠宰都有一定的关系。对于植物而言，它们的效果会受到下列因素的影响：

▶ 同一植物的产地并非都是相同的。如茶叶，它的质量会因品种、采集地区、采集时间而不同。

▶ 对于同一植物而言，它们暴露在空气中的部分（茎、叶、花）以及土地中的部分（根）的活性分子的浓度多不相同。

▶ 植物粉化和储存的方式会对活性物质的浓度产生影响。

为了克服这些问题，越来越多的品牌保证活性物质的标准化。在这种情况下，在包装上可以很容易地找到相关数字。

另外一个关于植物类补剂严重的问题是针对植物类补剂对运动员的影响的研究很少。在进行与运动员有关的研究时必须要更加精确，因为这里存在可以产生效果的最小剂量。

许多植物类补剂包含多种植物，因此想达到使每种物质都能产生效果的最小剂量是不可能的。胶囊所包含的产品量是有限的，当我们把更多的不同植物放进一个胶囊的时候，每种植物的量便会越小。正是因为这些原因，我们很难评判植物类补剂。最后，植物类补剂真正提升运动表现力的作用很轻微。关于植物提取物的研究资料很多，我们只关注那些平时相对比较常用的。需要注意的是，有许多减脂瘦身类补剂是由植物提取物组成的（见第六章）。

瓜拿纳

因为它富含咖啡因，所以它经常被用作瘦身类补剂（见第六章）或训练前补剂（见第一章），其吸收速度与纯咖啡因类似。近期的部分研究说明了瓜拿纳的优越性，即它的咖啡因含量不能解释它所有的刺激作用（Haskell，2006）。瓜拿纳的其他作用还有待确定。不推荐儿童、孕妇以及心脏不适的人群使用瓜拿纳，并且要注意避免在夜晚服用，因其会影响睡眠质量。服用瓜拿纳过量同样会出现与咖啡因类似的副作用。

蒺藜

这种植物在中医中被用于刺激性欲，这是由于它可以促进睾酮分泌，在很多动物实验中都发现了这一现象（Gauthaman，2003），在由它所含的原薯蓣皂苷导致的，蒺藜的叶子中富含这种物质。许多蒺藜类补剂都会确保一定最低的原薯蓣皂苷含量。但是，Neychev在2005年的根据对20～36岁男性的研究中发现，补充蒺藜并没有带来任何睾酮水平的变化。这可能解释了为何Antonio在2000年的关于男性健美爱好者在使用8周蒺藜后没有出现任何力量和肌肉量变化的原因。

适应原的定义

运动员感兴趣的方面，在于适应原可以起到保护身体、精神，对抗压力或病痛袭击的作用。它可以增强使用者的抵抗力，训练结束后可以起到抗疲劳和促进身体恢复的作用。

尽管我们听到很多关于适应原有价值的说法，特别是来自一些东方国家，但是并没有特别多的科学研究证实这些价值。适应原的概念也是来自东方国家的，当地的一些研究者提供的定义十分模糊，这意味着有大量的植物可以被纳入适应原的范畴。同时，有关其分子的科学研究报告则相对缺失。很多时候都是一些商家在宣传它们的价值从而吸引消费者购买。

红景天

红景天是一种我们可以在高山和寒冷环境中找到的植物，与许多植物没有被研究证明它们的价值不同，有很多研究表明红景天真的是有价值的。它与抗氧化剂类似并可以加倍刺激神经系统以对抗神经衰弱。连续使用至少7天，它还可以减少登山过程中遇到的氧气不足的问题，不过这并没有被科学研究所证实。但是，它可以减少我们因氧气不足而产生的氧化应激反应。年轻男性和年轻女性在测试前1小时补充200毫克红景天（含有3%红景天提取物，红景天中主要起作用的成分），结果表明他们的耐力水平比使用安慰剂的人提高了3%。但是，他们并没有得到任何有关极限力量或精神方面的改善。并不是所有科学研究都证明了这个结果（Colson，2005）。

红景天：适合登山运动的植物？

蒺藜真的可以促进睾酮分泌吗?

冬虫夏草

冬虫夏草是从中国一种很罕见的菌类中提取的，常会与红景天一起使用。冬虫夏草具有扩张血管的作用，可以改善肌肉氧合作用，从而提升运动表现力。不过，部分医学研究表明，使用冬虫夏草与使用安慰剂所带来的运动耐力改变是一样的。例如，男性在6天内每天补充1克冬虫夏草与300毫克红景天，并且在随后7天内将上述用量减半然后继续服用（Colson，2005）。结果表明，运动表现力和肌肉氧合作用都没有得到提升。这与近期的关于高水平自行车运动员在14天内使用上述同样两种补剂的结果一样（Earnest，2004）：当自行车运动员每天补充3克冬虫夏草时，并没有任何神奇的事情发生（Parcell，2004）。

银杏

我们认为银杏叶具有抗氧化作用，它可以促进血液与氧气循环，特别是在大脑中。尽管它有关增加血供的作用已经被证实（Mehlsen，2002），但只有很少的研究始与运动员有关。男性在使用银杏时并没有任何明显的与肌肉力量有关的作用（Stone，2003）。大部分与银杏有关的研究主要集中于它可以减少登山过程中的不适感。随着海拔高度的增加，氧气会变得逐渐稀薄，这会让人产

> **注意！**
>
> 我们不建议将银杏与阿司匹林、血液稀释剂以及抗抑郁剂一起使用，因为银杏具备某些雌激素特性。

生严重的疲劳感，进而导致头疼、头晕以及恶心等。尽管这种作用并非是一直有效的（Gertsch，2004），连续3天每天补充180毫克银杏可以一定程度减少高海拔所带来的问题。研究表明，只有8%的人感到一定的不适感，而使用安慰剂的一组则有33%的人感到不适。不幸的是，我们身体的运动能力并没有因为补充这种植物而得到改善（Quintana，2005）。

葫芦巴

这种植物的种子长时间以来一直被用于提升食欲。如今，葫芦巴被当作为一种恢复剂，主要与它可以调节胰岛素分泌有关。葫芦巴中含有一种氨基酸——4-羟基异亮氨酸，约占瘦体重的0.5%。这种氨基酸可以使胰岛素分泌增加十余倍。

银杏的作用是否已经得到证实?

葫芦巴一般在训练结束后与可以促进身体恢复的补剂一起使用。胰岛素的大量分泌可促进合成代谢，加速糖原合成。葫芦巴的应用体现在力量训练和耐力训练。对于自行车运动员而言，在葡萄糖饮料中（每千克体重1.8克）添加或不添加每千克体重2毫克的4−羟基异亮氨酸（Ruby，2005），在训练结束后以及两个小时后补充这两种饮料。结果显示，添加4−羟基异亮氨酸的一组肌糖原合成速度比只补充右旋糖的一组在四小时后提高了63%。有趣的是，两组的血糖和血液中胰岛素升高程度是相似的。

葫芦巴：最好的胰岛素促进剂？

Poole在2010年指出，持续8周每日在训练前补充500毫克葫芦巴提取物，肌肉健美爱好者可以获得力量和肌肉的增长。

山金车

这种植物可用于皮肤或通过口服使用（顺势疗法）。顺势疗法是十分具有争议的，同时我们也需要注意关于运动员口服使用山金车的争议。Tveiten在2003年的研究中，让运动员分别在晚上、白天以及马拉松结束后的72小时补充山金车，结果表明其肌肉酸痛感明显减轻。但是，血液检查显示，山金车并没有减少肌肉被破坏，因此它对于肌肉没有任何作用。在另外一项类似的研究中，山金车并没有减轻肌肉酸痛感（Vickers，1998）

山金车：减少运动员酸痛？

L–茶氨酸

我们在茶叶中会发现这种氨基酸，茶氨酸占茶叶重量的1% ~ 2%，具有让人放松的作用。Juneja在1999年指出，50 ~ 200毫克茶氨酸可以让人感到放松，同时不会导致瞌睡。茶氨酸的这种作用是通过使大脑中的羟色胺和多巴胺升高来实现的，对睡眠质量较差或训练后过于紧张的运动员十分有帮助（Weiss，2001）。要注意的是，不要在训练前使用茶氨酸。

茶叶富含茶氨酸，一种可以让人放松的氨基酸。

茶氨酸同样会被添加到减脂瘦身类补剂中，因为它具有类似咖啡因的抗脂肪作用。Parnell在2006年的研究表明，补充100毫克茶氨酸和50毫克咖啡因对于大脑的运动能力有一定的促进作用。

紫雏菊

目前认为这种植物可以刺激机体的免疫系统。紫雏菊一般会用于感冒上呼吸道感染初期。部分研究表明，它可以减少感冒潜在的并发症，加速康复。它对于运动员也是有作用的，因为当运动员感冒时，他们的运动能力会大幅度下降。在这种情况下，每天分三次补充300毫克紫雏菊可以起到一定的帮助作用。即使紫雏菊不能改善我们的运动能力，但是根据前面我们提到的，它可以

紫雏菊：一种免疫力促进剂？

防止运动能力的下降。

对于铁人三项运动员而言，连续28天每天补充8毫升液态紫锥菊可以使他们避免呼吸道感染（Berg，1998）；而在使用安慰剂的一组中，13名受测者中有4人出现了感冒；使用紫锥菊的一组没有出现因健康原因所导致无法训练的情况，而使用安慰剂的一组则平均出现了因健康原因导致2天无法训练的现象。

MACA

MACA是生长在秘鲁的一种植物，在当地被用来刺激性欲，作用方式目前还不确定。Gonzales在2003年指出，对于21～56岁的男性而言，持续12周每天补充1.5～3克的MACA并没有发现任何可以促进雄激素产生的作用，但是它确实提高了性欲。MACA还可以提高生育能力，即增加精子数量其活性。

▶注意！

如果你在使用抗抑郁剂或镇静剂，那么MACA会与它们产生相互影响，需要谨慎使用。此时我们需要确定自己优先需要解决的问题是什么，很多植物都会带来轻微的雌激素，这对于男性而言始终都是不好的。

锯叶棕

又称矮态顶芽、锯棕榈等，主要被用于解决前列腺问题，主要作用方式是降低DHT水平（Marks，2001）。锯叶棕的这种作用可以通过虾青素强化（Anderson，2005）。

▶锯叶棕：一种很柔和的补剂

我们身体的酶可以将睾酮转化为其他激素，如DHT。这种雄激素可以导致头发脱落、前列腺问题。锯叶棕则可以降低DHT的水平，对于那些对自己形象比较在意的人有帮助。不幸的是，锯叶棕会在某种程度上减缓肌肉增长，育龄女性一定要避免使用这种植物，因为在孕期时DHT必不可少。

醋酸

这是导致醋发酸的物质，一般醋的瓶身包装上都会注明醋酸含量。人类研究指出，醋酸可以调节糖原水平和胰岛素分泌（Ostman，1995）。在糖中加入醋酸，对于恢复肝糖原水平是有帮助的（Nakao，2001）。肝糖原的价值在于可以在训练时为大脑供能。肝糖原有助于抵抗大脑疲劳，详见第五章。此外，醋酸还用于防止抽筋。

姜黄

这可能是一种未来的补剂。动物研究显示，注射姜黄可以明显加快肌肉撕裂后的恢复速度。姜黄可以使干细胞变得活跃，这在肌肉恢复和强化过程中是不可或缺的。不幸的是，目前还不能通过口服补充姜黄，因为人体对姜黄的吸收能力很差。目前已经有补剂将姜黄和胡椒碱（胡椒提取物）组合，目的是为了提高姜黄的消化吸收能力。下一步我们还需要努力找寻更合适的使用姜黄的有效方法。

姜黄：一种未来的补剂

蜂类衍生品

蜂类衍生品在日常生活中十分常见，可以起到滋补以及提供能量的作用。这些作用对运动员而言也是很有帮助的，只不过目前还缺少相关研究来证明。很多文章含有相关讲解，但是却并未进行过任何发表。已经发表过的研究结果对于蜂类衍生品相对不利，并且，有很多人在使用这类产品时会有过敏反应，特别是在重复或持续使用时。

蜂蜜

对于运动员而言，蜂蜜最大的价值是提供能量。与其他糖不一样，蜂蜜不会导致低血糖。运动员可以使用蜂蜜替代那些之前他们使用过的产生问题的糖类补剂（Ajibola，2012）。但是，对比蜂蜜和葡萄糖的研究显示，蜂蜜没有明显的优越性（Earnest，2004）。在一项研究中，自行车运动员在进行64千米骑行练习时，每16千米会补充一次安慰剂、右旋糖或蜂蜜。研究结果表明，葡萄糖最大限度地提高了自行车运动员的耐力水平，蜂蜜紧随其后；在最后16千米时，使用糖类的运动员比使用安慰剂的运动员的表现更加突出。

蜂蜜：一种不易导致低血糖的糖。

花粉

花粉对于运动员的健康是否有作用？

花粉的使用已经在许多研究中被论证过。对于年轻的游泳运动员而言，持续6周使用花粉并没有使其获得运动能力的提升，却降低了上呼吸道感染的发生率。使用花粉的一组只缺席了4天的训练，但是使用安慰剂的一组却缺席了27天（Maughan，1982）。对于大学游泳运动员而言，每日补充2.5克或5克花粉并持续8周，同样没有带来任何有关运动能力的提升（Steben，1978）。这种现象同样见于越野跑运动员，他们在每日补充1.5克花粉并持续12周后同样没有获得任何有关运动能力的提升（Steben，1978）。

蜂王浆

这是所有蜂类衍生品中相关研究最少的一类，因此应谨慎对待下面的研究结果。Chupin在1988年的研究中指出，男性运动员采用舌下含服的方式每天补充2次500毫克蜂王浆并持续15天，运动员在第一周末便可以感到耐力水平的提升，12天后开始下降。因此，研究者建议最好间隔20～30天再补充蜂王浆。

蜂胶

蜂胶是通过蜜蜂在树上手机的唾液、蜡和树脂的混合物。Lami在2005年指出，男性击剑运动员在4天的高强度训练中每日补充787毫克蜂胶，可以缓解机体氧化应激现象。Young Soo在2004年的研究中进行了证实，该研究要求被检测者在跑步机上全力奔跑，并且连续2周每天补充800毫克蜂胶。

与其他蜂类衍生品一样，部分因高强度训练导致身体健康问题的运动员对蜂胶很感兴趣。但是鉴于它的价格，我们很难推荐大家使用，特别是当它只能提供类似抗氧化剂作用时。

第五章

保护类补剂

体育运动对身体健康肯定是有好处的，但是在具体的运动过程中难免会有变化。如果你想在运动中超越自己的极限，那么一些补剂是我们比较推荐可以用来保护：

- 关节；
- 肌肉；
- 心脏。

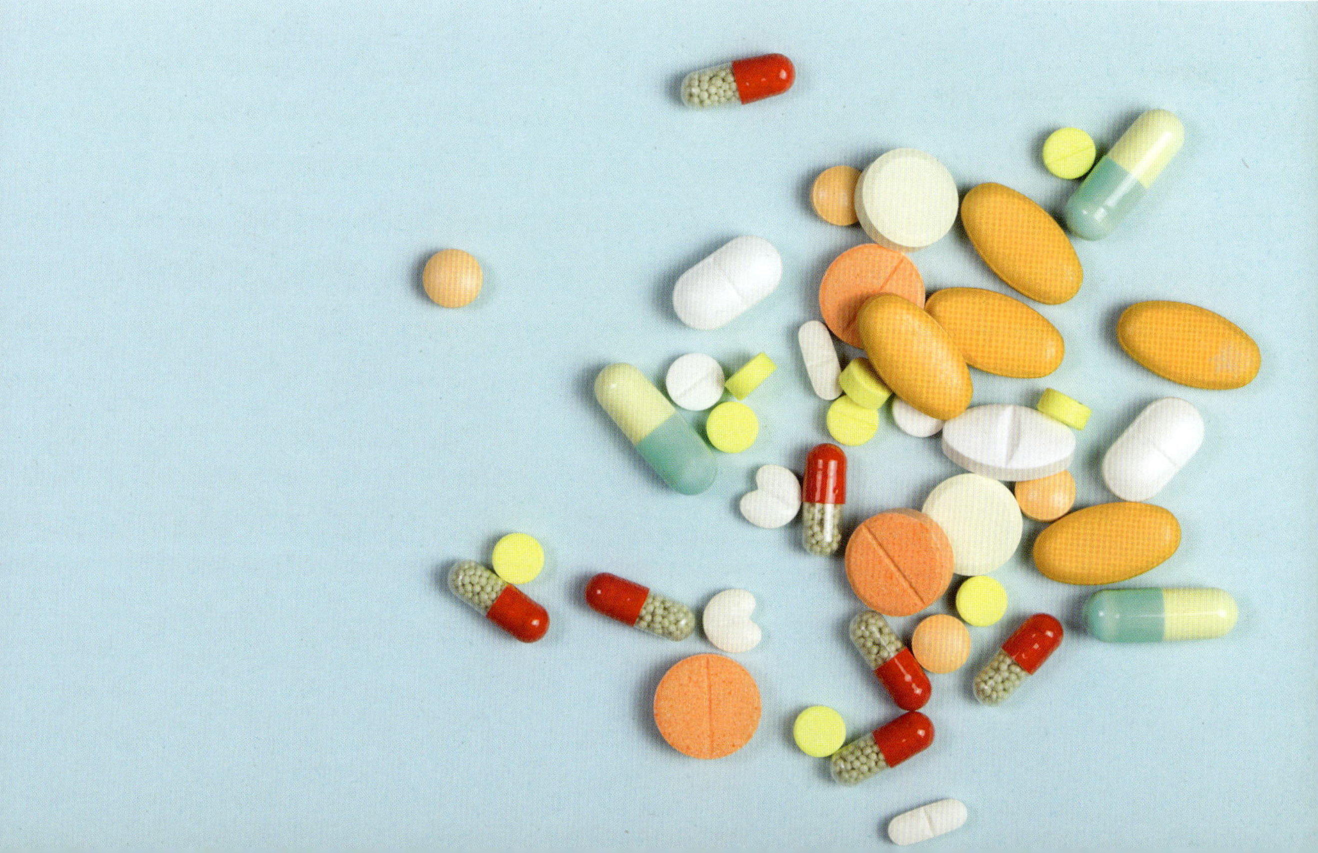

体育运动对于身体健康一定是有好处的吗?

在很多时候，应用保护类补剂的目的是为了减轻运动员在训练中的不适感，加速身体的恢复。最严重的问题在于运动员的身体无法得到足够的恢复，并随着时间的推移逐渐累积。因此，充分了解身体恢复的多面性是十分必要的。

身体恢复的八个层面

Francis关于速度训练的研究指出，很多田径冠军（如Ben Johnson）都拥有下列恢复方面的现象：如果在训练中调动95%的运动能力，那么我们需要48小时左右的恢复时间；而如果想在训练中调动100%的运动能力，那么则需要10天的恢复时间。我们可以发现，当我们越接近自身的极限时，需要的恢复时间更多。能帮我们增加训练强度的补剂有很多（如咖啡因），而帮助我们加快身体恢复速度的补剂则较少。这种补剂方面的不平衡现象很容易造成机体的疲劳。当我们提到恢复的概念时，我们要注意它的多面性。事实上，恢复是一种综合现象，我们将它总共分为八类。

水分恢复

在第一章曾讨论过，在训练中和训练结束后最需要注意的便是补充水以及钠。如果不注意身体的水分状况，那么便容易导致疲劳和抽筋，以及消化系统和免疫力的问题。肌肉需要较长的时间才能完全恢复，水分恢复必须要优先进行。

能量恢复

发生在耐力型训练时的水分恢复结束后，是十分快速的，目的是为了补充训练中流失的能量，因此要迅速进行。但是如果训练时间较长，特别是持续几天，那么便会导致能量平衡的问题。关于这些，我们在第一章中有详细的讲解。

微量营养素恢复

在训练时，我们会消耗大量的维生素和矿物质，饮食和补剂可以帮助我们快速补充这些流失的物质，从而使运动员避免产生其他的问题（见第三章）。

免疫力恢复

我们的免疫系统会因为高强度或高容量的训练而受影响，部分免疫细胞会受到刺激，而另外一些的防御力则会受限。这种混乱现象将会导致一系列不适感，我们会在随后进行讲解。可以通过一些补剂来减轻这种混乱的程度，促进这种混乱的消失。

内分泌恢复

在训练结束后，内分泌系统也会出现短暂的失衡现象，不过这并不会持续很长时间。但是，如果训练过度，那么内分泌失衡的现象便会持续。摄入补剂的目标在于限制这种失衡现象的出现，如分解代谢激素–皮质醇。这些问题我们在第一章和第二章中有详细讲解。

肌肉恢复

前面五个恢复的方面是我们要在几个小时或几天中快速进行的。但是，肌肉恢复所需要的时间往往比我们希望得要长一些，具体的时间长度跟肌肉酸痛感有关，肌肉酸痛感经常需要较长的时间才可以消失。关于保护肌肉完整的问题在第一章和第二章中有讲解，我们会在随后讨论肌肉酸痛感。

关节恢复

关节在体育活动中需要经受考验，不正确的动作技术很容易使关节出现不适现象。在训练时，关节、肌腱或韧带没有完全恢复并不会在第一时间导致严重问题。此时，因为对关节恢复的疏忽所造成的疼痛会随着时间的推移逐步累积并加重，这种情况的恢复所需要的时间比肌肉恢复更长。

神经恢复

力量型训练需要神经恢复，后者所需要的时间最长。不幸的是，目前只有很少的补剂可以起到一定的作用，如果我们不注意这方面的问题，那么便会导致持续的疲劳累积。

注意！

要注意每个人的恢复情况都不同，必须根据自己的情况来判断恢复所需要的时间，从而选择相应的补剂。

预防可能发生的不适感

抗抽筋类补剂

我们所有人应该都发生过抽筋，会让你感到很不舒服，在训练中出现的抽筋会让你更难受。科学研究表明，67%的铁人三项运动员都会在比赛中或比赛刚结束时出现抽筋，而在马拉松运动员或自行车运动员中这一比例会提升到70%。与这个大众化问题有关的科学研究还有待完善，医学方面也很难具体确定导致抽筋的原因，可能与导致肌肉强烈收缩的原因过多有关。如果我们不能很好地了解原因，那么我们更不能期待有神奇解决方法的出现。

脱水意味着抽筋吗?

Jung在2005年进行了一项研究，在37℃的训练环境下并及时补充富含能量以及水的饮料，年轻男性受检测者进行多次小腿的重复练习。这样做的目的是为了导致抽筋。结果表明，服用饮料的一组的运动量达服用安慰剂一组的2倍后才出现了抽筋。Jung同时指出，在服用饮料一组，69%的抽筋的受检测者的抽筋出现在自身水分充沛的情况下。因此，身体缺少水分或电解质并不是导致抽筋的最主要原因。但是，通过使用运动饮料所带来的抽筋前训练时间的延长，表明上述两个方面是导致抽筋的两个原因。

抗抽筋类补剂

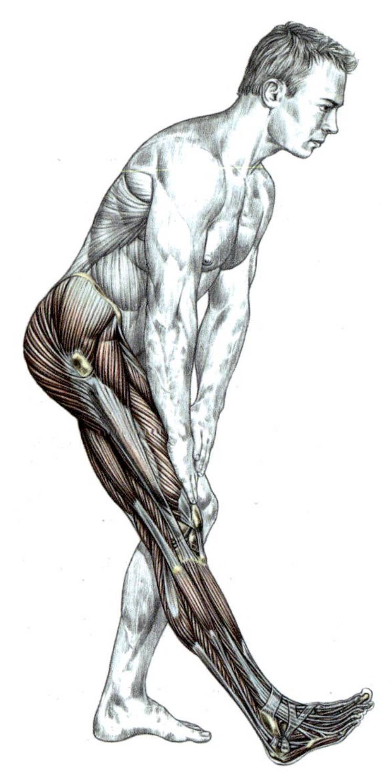

▶ 抽筋：运动员的敌人

钠与抽筋

Stofan在2005年对比了高水平美式足球运动员中，容易抽筋的人以及不容易抽筋的人的汗液组成。训练时间为2.5小时，两组受检测者的汗液量都是一样的（4升左右）。但是，对于有抽筋问题的一组而言，其汗液中钠的含量是另外一组的2倍：容易抽筋的一组的钠流失量为5克以上，而不容易抽筋的一组则为2.2克。两组的钾元素流失是基本相同的。

Bergeron在1996年指出，对于高水平年轻男子网球运动员而言，补充盐可以减少抽筋的发生。这些运动员每小时会流失2.5升汗水，但是他们每小时只能补充1.8升水；他每小时会流失2克钠，但是他们每天摄入的盐只有2～4克。在2小时左右的比赛中，运动员很容易出现抽筋的现象。因此，他们需要将每日补充盐的含量提高到6～8克，并且使身体的水分保持在最充沛的状态下。

肌酸与抽筋

很多人认为肌酸会导致抽筋。Greenwood在2003年指出，当年轻美式足球运动员在高温环境下进行训练时，没有使用肌酸的人中有47%出现了抽筋，而使用肌酸的人中只有27%出现了抽筋。此研究是十分有代表性的，与其余可以因天气原因所脱掉衣服进行练习的运动不同，美式足球必须始终穿着衣服并佩戴护具，这种情况会加速脱水的出现。

对于肾功能有问题的人而言，持续4周补充肌酸可使抽筋发生的概率降低60%（Chang，2002）。

Williams在2001年指出，对于高水平美式足球运动员而言，补充一定量的醋酸也可以快速改善抽筋的问题。

减少免疫系统混乱

从外部来看，体育运动是一种增强免疫系统防御力，但这主要是强度较轻的体育运动。当我们竭尽全力进行运动时，研究发现一种免疫抑制现象会紧接着出现（Malm，2006）。如果我们不注意一些小的免疫抑制现象，那么随时间推移这些免疫抑制现象便会累积，进而使我们免疫系统的防御能力持续下降。许多研究表明，高水平运动员是不正常的被感染者。目前我们还是很难理解免疫系统反应的逻辑。一些免疫细胞（细胞因子）的水平会升高，这种升高现象应当与抗炎细胞平行，但并非一直如此。细胞因子会攻击机体本身（肌肉、消化系统以及心脏等），使我们容易受到感染。此外，如果部分免疫防御细胞水平升高而另外一些下降，那么便会打开疾病的大门，容易出现病毒感染或其他病症。在训练结束后1～9小时内，运动员比平时更容易受病毒的侵袭，并且容易使运动员之前存在的感染现象变得更加严重。

在登山运动中，海拔高度越高，免疫反应越严重。在13天的登山训练前持续补充3周的抗氧化剂，不能影响这种免疫系统的反应（Hagobian，2006）。研究者指出，尽管在登山运动中能量消耗增加，但是运动员的食欲却呈下降趋势。这两种现象会导致热量摄入不足和免疫抑制现象。高度的突然降低并不会带来任何帮助。幸运的是，医学研究表明有些补剂可以帮助我们最小化这种免疫系统混乱。我们需要在每次训练结束后都注意对疲劳的管理，促进自身身体的恢复。

糖的作用

我们第一个要做的便是需要确保糖的供给，确保补充的糖与消耗的糖是大致相等的。在训练前持续几天采用富含糖分的饮食结构，可以帮助我们限制免疫系统不适以及训练结束后的炎症现象（Bishop，2001）。Scharhag在2006年指出，对于高水平耐力运动员而言，补充含糖量为6%的饮料并进行4个小时的高强度训练，可以减轻免疫系统反应升高和皮质醇升高。

糖对于免疫系统的作用机制并没有被全部了解，但可以肯定的是它也可以为免疫细胞提供能量。此外，它还可以预防皮质醇的升高，保持糖原水平，避免因低血糖所导致的免疫系统紊乱的现象。

蛋白质的作用

在Flakoll的研究中（见第二章），军人在训练结束后立刻补充蛋白质/糖，他们出现感染的概率相比使用安慰剂者降低28%，就医频率降低了33%。

谷氨酰胺在免疫系统中扮演了两个角色：对于淋巴细胞和巨噬细胞而言，谷氨酰胺可以为它们提供能量；也可以被用作免疫增强剂。我们在第二章中曾讲过，训练会降低机体谷氨酰胺的水平，这种现象对于免疫系统是不利的。

在对200名耐力运动员的研究中，Castell（1996）指出，训练时间越长，运动员发生感染的概率也就越高。当运动员在训练结束以及2个小时后分别补充5克谷氨酰胺或安慰剂时，51%使用安慰剂的人在之后的7天中出现了生病的现象，而使用谷氨酰胺的人中只有19%的人出现上述问题。但是，关于谷氨酰胺效果的调查结果并不一致。补充BCAA会限制谷氨酰胺水平的降低，对于高水平铁人三项运动员而言，在每个项目开始前补充3克BCAA可以在1个月内降低感染发生的概率（Bassit，2000）。

其他补剂

Clancy在2006年进行了关于益生菌与因过度训练而导致持续疲劳的运动员的研究。其中，持续疲劳指的是当在完全休息或训练容量大幅下降后依旧不会消失的病理性疲劳。此时，运动员使容易出现重复性感染。这种疲劳现象在耐力型训练要比力量型训练更加突出。运动员的γ-干扰素的合成低于没有训练习惯的人。持续补充益生菌1个月可以使机体γ-干扰素的生产恢复正常。不幸的是，研究并没有指出疲劳问题是否已经得到解决，以及运动表现力是否得到提升。但是，此研究清楚地指出，运动员的免疫系统可以因益生菌的使用（见第三章）而持续获益。Gleeson在2011年、2012年以及Cox在2010年分别证实了益生菌对于运动员免疫系统的价值。

缺少免疫球蛋白是容易导致感染的另外一个因素，这种现象会经常出现在长时间训练结束后。对于耐力型运动员而言，在训练开始前1小时补充每千克体重6毫克咖啡因，有助于在训练中和训练结束后保持最佳的免疫球蛋白水平（Bishop，2006）。研究者认为这一现象是由咖啡因促进肾上腺素分泌所导致的。同样，运动员自身免疫系统的压力也在使用富含必要脂肪酸的食物时受到了一定的限制（Konig，1997）。补充抗氧化剂（β胡萝卜素，维生素C和维生素E）有助于保护免疫系统完整性，但是这方面的价值也还存在一定的争议（Robson，2003）。

精氨酸可以促进一氧化氮的分泌（许多免疫细胞用来破坏病原体），是一种潜在的可以保护运动员免疫系统的补剂（Goncalves，2012）。

月经不规律

许多女性运动员存在月经不规律的问题，排除体脂率低的因素外，这种月经周期不规律的现象依旧存在。这种现象反映的是性激素的混乱，与热量摄入过低有关。Tomten在2006年的研究中指出，对于耐力型女性运动员而言，月经不规律的人都存在热量摄入较少的问题，主要是由对食物中脂肪的限制所导致的。

除非你想生孩子，否则这种不规律现象似乎不会对女性健康产生任何影响，除了在第一次发生这种不规律情况时可能会产生一些担忧。营养不足的问题对于健康而言可能是更让我们担心的。

消化系统受损

肠道问题

在所有运动员中，跑步类运动员最容易发生肠道问题。30%～65%长跑运动员可能会受影响，消化系统问题在大部分耐力型运动员中都普遍存在，主要表现为尿急、腹泻、肠道抽筋、胀气以及胃肠出血等。87%的耐力型运动员有胃肠出血的征象（Rudzki，1995）。在20千米跑的检测中，17名高水平运动员中有

15名出现肠道不适（Choi，2001）。女性相比男性更容易出现这类问题，特别是在月经期间。比赛的压力会加剧这种现象，并且在登山运动中也有类似的情况出现。从医学专业角度出发，这种现象其实是在保护运动员的器官，提醒运动员要停止练习。

在训练结束后，一些不良结果便会出现，如肠道不适会降低我们小肠的消化能力，而消化能力的下降会在肠内容物进入大肠时产生一些严重的问题，如腹泻。

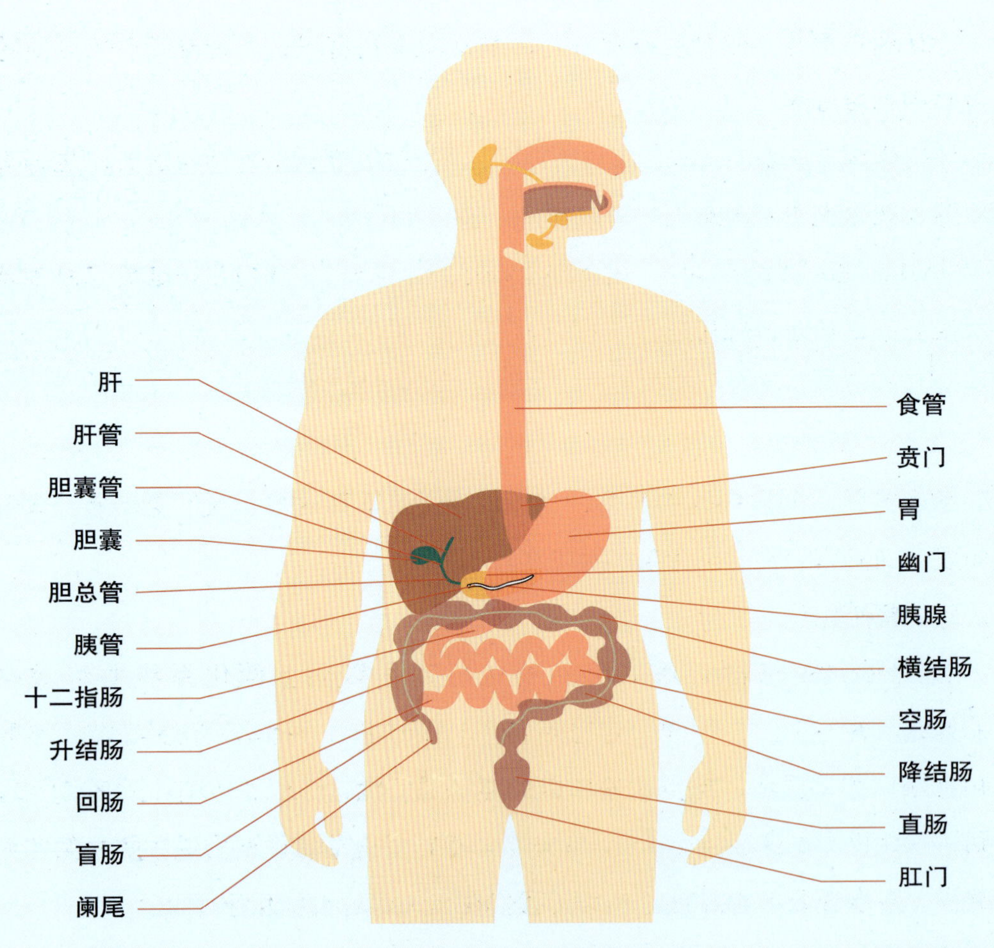

1. 病痛来源

▶ 在休息时，消化系统的供血是十分重要的。训练时，血液更多将会流向肌肉和皮肤，消化器官的供血和氧合作用会降低80%甚至更多。

▶ 缺乏氧气，但是在训练结束后得到恢复，会有严重损害肠黏膜的风险；除了自由基破坏细胞外，还会出现出血现象。

▶ 脱水现象会使缺血、缺氧加剧，同时减少血容量。部分研究表明，运动员在训练中减少3%的体重，消化系统出现问题的概率便会飞速上升。

▶ 体温过高和低血糖会使这些问题加剧。

▶ 脱水严重时，运动员消化吸收糖的速度会变得缓慢。能量饮料有可能导致消化问题的增加。

▶ 因为跑步时身体会晃动，所以这也是为何跑步运动员相比自行车运动员更容易出现这类问题的原因。

▶ Oktedalen在1992年指出，在马拉松比赛结束后，运动员小肠的渗透性增加，这会导致病原体的侵袭。

幸运的是，因为训练的关系，对血液流动的限制变得不太严重，所以肠道问题发生的概率得到一定程度的降低。

2. 补剂的价值

在训练中补充含糖和电解质的饮料，可以防止消化系统血液减少（Rehrer，2001）。在一次60分钟的自行车测试中，自行车运动员在测试前补充40克糖，结果显示，与使用安慰剂的运动员相比，他们的肠道不适感的问题得到了一定程度的解决（Jonvik，2018）。提前补充能量饮料可以预防血浆容量的减少（脱水现象），并且还有助于我们在训练时对抗低血糖现象。

> **▶注意!**
>
> 对于遭受这类问题困扰的运动员，需要根据每个人的具体情况来确定理想用量。事实上，补充大量的水可能会导致其他消化系统问题。采用较温和的补水方式（补充60%左右）进行补充是相对更好的选择。同样，这里也存在糖和钠的最低摄入标准，否则也容易导致其他消化系统问题的出现。因此，需要采用温和的方式进行补充，并且根据个人情况逐渐增加使用的剂量。

益生菌和益生元（见第三章）可以促进肠内菌群的发展，此作用已得到证实。自由基的生产是促进这些问题的一个因素，需要考虑规律性使用抗氧化剂。

补充1克维生素C可以使训练结束后病原体侵入身体的可能性最小化（Ashton，2003）。

血液中谷氨酰胺水平明显降低与具有较严重消化问题的运动员有一定的关联（Bailey，2000）。谷氨酰胺类补剂可以一定程度地限制这个问题的影响程度，但还需要进行更多详细的研究。

减少岔气发生的概率

对岔气的了解并不全面，即使我们感觉到它经常出现在胸肋部，但实际上它可以发生在腹部的任何位置。右侧出现岔气的概率是左侧的2倍，位置的变化对于解释这类问题并没有帮助。目前，关于岔气的原因有很多假说，但是并没有太令人满意的，有的认为是精神上的问题，也有的人认为是比赛前的压力所导致的。

运动员对岔气的原因十分感兴趣。一份接近一千名耐力型运动员参与的调查显示，61%的人在过去的一年中出现过至少一次岔气现象（Morton，2003），上半身姿势过于直立，以及在跑步或骑马时一停一走的方式都容易导致岔气；在骑自行车、上半身稍微前倾或没有明显身体晃动时，岔气出现的概率会降低约92%。这也是为何在岔气出现时建议身体向前倾的原因。这并不意味着自行车运动员不会出现这类问题，因为导致岔气出现的可能原因还有很多。

岔气在所有水平的运动员身上都会出现，不过运动员越经常进行练习，他们越不容易遭受这种不适的侵袭。岔气出现的概率会因为年龄的原因受到限制

（Morton，2002）。一些腰椎问题也会导致岔气产生（Morton，2004），相关问题我们会在讲解关节和后背问题时进行介绍。

Plunkett在1999年对经常遭受岔气的运动员进行了研究，证实当运动员在跑步前补充食物时，会有极高的概率出现岔气。在训练过程中，补充水也会增加岔气出现的风险和疼痛持续的时间；当能量饮料富含糖分过多时（10%的糖），这种风险会提升2倍；当糖分超过10%时，情况则最糟糕。随着机体对能量补充的逐渐适应，在训练中出现岔气的概率便会逐渐降低。含糖量较低的饮料相比那些富含糖分或果汁的饮料要更适合。在训练过程中，建议采用高频、少量的方式补充饮料，而不要一次喝一大口。一些钠含量过高的饮料同样会使出现高岔气的风险增高。训练中脱水所导致的岔气容易使人无法活动。

一些常见的应付岔气的方法（向前倾上半身、收缩腹肌、提升呼吸强度等）只能暂时解决问题，Plunkett推荐建议可以佩戴一条稍微宽一点且柔软的训练腰带，当出现岔气现象时便立刻扎紧腰带，然后再松开。

口干

训练时唾液分泌会明显减少，导致嘴唇变得干燥，进而产生口干等问题。口干会带来一定的不适感，此时我们需要大量补充运动饮料或吞咽所剩无几的唾液。当吞咽时，呼吸会受到较长时间的限制，导致运动能力的下降。

部分因素会导致口干现象：

- 比赛或自身压力会导致口干。
- 用嘴呼吸容易导致口干。
- 唾液中含有较少的碳酸氢盐，这意味着很难保持中性pH的口腔环境。这会导致酸化的问题，进而增强口干的感觉。
- 明显脱水会导致唾液分泌减少。
- 有抽烟习惯的人更容易出现这类问题。

如何减轻这种口干的不适感：

- 咀嚼口香糖有助于刺激唾液的分泌，可以一定程度地舒缓口干。
- 在训练前和训练中补充饮料可以使我们保持嘴唇的湿润，有助于防止口干。
- 水与口腔pH最接近的（7左右），如果口干的问题让你感到很不舒服，那么建议优先补充水。能量饮料的酸性相对较高（pH3～4），如果汁类。

我们可以将水加入能量饮料中，从而改变后者原本的pH。

不过，饮料的pH一般不会写在包装上。补充pH高的饮料不仅可缓解运动员的口干，同时有利于牙齿健康，防止胃反流。酸性饮料只会使胃反流等问题变得更加强烈且具有破坏性。

恶心

很多恶心都是由训练前吃得不好所导致的。在一些难度较高的耐力训练中，运动员一般都会出现缺水和缺钠，因此需要养成在训练过程中较早补充饮料的习惯。Bowen在2006年指出，在训练中2倍摄入液体有助于消除运动员的恶

注意牙齿

补充酸性饮料会立刻降低口腔的pH，后者恢复正常的速度与每个人的具体情况相关。pH低于5.5时，有可能导致更多问题：此时，牙釉质便会开始受到腐蚀；长时间补充富含糖的饮料会损害牙齿。牙齿会伴随我们一生，希望大家都可以仔细照护。用含氟量较高的牙膏有助于加强牙齿对抗酸性饮料的防御力。除了这些现象外，当嘴唇干净清新时，我们一般都有很好的运动表现力。建议牙齿有问题的人应当每天注意用清水清洗牙齿，这可以使其口腔pH升高，同时降低牙齿周围糖的水平。

心。受检测者花了1个月的时间进行适应，这种补充水分的方式对他们来讲是比较困难的。在2个月内，这种训练中水分摄入相符合的方式会逐渐变成习惯。

胃食管反流

这种比较常见的问题会因体育运动而加剧，当胃酸反流入食管时，我们会感受到一种灼烧感（Jozkow，2006）。如果你感到这种感觉，那么一定要与医生进行沟通，因为这个问题会掩藏其他令人担忧的问题。

60%的运动员会出现胃食管反流的现象，事实上，运动员并不一定会感到这种现象，科学家可以在运动员没有灼烧感时检测到明显的胃酸反流的现象。需要对此保持警惕，因为这会导致运动表现力的下降（Rdoriguez-Stanley，2006）。

胃食管返流的出现与训练持续时间和训练强度有关，有一些体育运动是比较容易导致胃食管反流的，如肌肉力量训练（呼吸受阻）和使用腰带的肌肉力量训练、跑步类运动（身体的抖动）、划船和自行车（因为坐姿的关系）。其余与这个现象有关的因素是消化系统供血减少以及因训练所导致的消化能力降低。

在补充饮食时，摄入富含蛋白质、纤维或脂肪的食物会促进胃食管反流的发生。摄入橙汁、咖啡因（大量）、含有盐或酒精的饮料同样会导致类似问题。可以通过细嚼慢咽的方法来应对胃食管反流。

心脏问题

我们前面描述的问题都是一过性的，心脏问题是会频繁出现的，如马拉松运动员在50英里的比赛中容易因为心脏问题而丧生。运动员面临着两个问题：

心脏疲劳

心脏与其他肌肉类似，在训练时较长的情况下也会出现疲劳，导致运动表现力的下降。我们可以通过三种方式来预防：

- 预防脱水：血液中液体流失会有使心跳加快的问题。
- 防止训练中血液黏稠度的增加：当我们血液保持正常流动状态时，心脏会相对保持健康。
- 促进心肌ATP的合成：肌酸和核糖是心肌能量的来源，对我们进行耐力训练有帮助。

心脏不适

较长时间的运动经常会与短时间的心脏不适联系在一起。与其他肌肉一样，当训练量较大时，心肌纤维会受到一定程度的破坏。这是一个正常现象，并不会导致负面结果。但是，当我们提到心脏不适感时，需要较长的时间来恢复，而蛋白质对于这种恢复是很有帮助的。此外，补充维生素和矿物质能够缩小这种不适感的影响范围（Cavas，2004）。

我们对比了经常训练的人的半程铁人三项赛和全程铁人三项赛的结果（Cottrell，2018），检查了他们血液中酶的增高水平（反映器官受损）：

- 从肌肉水平而言，半程马拉松255%，全程马拉松1 592%。
- 从心脏水平而言，半程马拉松233%，全程马拉松1 798%。
- 从肝脏水平而言，半程马拉松52%，全程马拉松153%。
- 从发炎水平而言，半程马拉松80%，全程马拉松220%。

我们发现，当训练容量倍增时，身体所受伤到的伤害会呈指数级而不是线性递增，特别是心肌。

运动，加速血管钙化？

研究表明，随着运动员训练时间的越长，他们发生血管钙化的风险也在增高（Aengevaeren，2017）。如白人男性，一项研究指出，有训练习惯的人出现血管钙化的概率比没有训练习惯的同年龄人高4倍（Laddu，2017）。

尽管所有研究在这方面得出的结论并不一致，但是我们的经验表明，当运动员进行高强度或长时间训练时，相关风险系数会变得越高。

血管钙化是由于钙和磷酸盐堆积于血管壁造成的，并不会强化我们的骨骼， 反而会使动脉僵化。长期的血管钙化会造成严重的健康问题。这种作用需要较长的时间才会产生，并且当我们发现时也已较晚。因为所有的病理学有一定的遗传性，所以运动员一定要十分注意。

预防

我们需要寻找可以预防这种问题的方法，而不是等到它首次出现症状时再处理，此时已经为时过晚。

高强度的体育运动会增加血管钙化出现的风险（Lombardi，2014）。炎症和自由基对血管的攻击，是导致风险增高的主要原因，这也解释了为何生活条件比多数普通人更好的运动员会出现这类问题。

大量缺乏维生素D（还需要更详细的研究）同样会促进血管钙化的发生（Wang，2018）。

如何抵抗血管钙化

维生素K可以起到调节器的作用，促进骨骼中钙的储存，减少血管中钙的储存（Wen，2018；Christiadi，2018）。缺少维生素K会导致相反的结果——降低骨骼中钙的储存，促进血管中钙的储存。对于没有接受抗凝血治疗的运动员而言，他们可以谨慎使用维生素K1和维生素K2。

维生素K对于排出无机盐过多的耐力型运动员（游泳、自行车、马拉松等）而言也是十分必要的。

钾、镁以及Omega-3对运动员身体健康有其他帮助的物质，也有助于抵抗血管钙化（Sun，2017；Ter Braake，2017；Sekikawa，2018）。

问题?

目前还需要证明在更好地管理钙沉积物时，是否可以防止肌肉钙化的（如肩膀问题）出现。

血液环境问题

血液对于运动员而言是十分重要的，它会将氧气、营养以及生长因子搬运到肌肉中，并且将训练所产生的废弃物带出。为了达到这种理想交换，血液需要具有明确的特点，重复的训练可以改变血液的一些特点：

- 提升血液黏稠度；
- 加速红细胞的消失。

为了应对这些问题，有一些专门改善血液环境的补剂，它们可以起到增加红细胞数量以及促进后者在毛细血管的传输。

血液黏稠度增加

在训练中，血液黏稠度会短暂增加，这会妨碍肌肉的氧合作用。当我们在跑步的最后冲刺阶段越用尽全力时，血液黏稠度的问题会变得越糟糕，这是由多种原因导致的：

- 红细胞变形能力下降，这会阻止它们通过毛细血管。事实上，红细胞的直径经常会比毛细血管大，为了更好地通过，在通过时红细胞必须进行变形。红细胞膜越软时，它通过的速度也会越快。当红细胞变形能力下降时，肌肉氧合作用便会减弱。与耐力训练相比，肌肉力量训练会加剧红细胞僵硬的问题。

▶ 脱水现象会降低血浆容量，这会大幅度增加血液黏稠度。

▶ 当我们体温增加时，血液黏稠度也会增加。

▶ 乳酸的产生会增加血液黏稠度。

▶ 因为必要脂肪酸和铁的浓度关系，红细胞对于自由基的攻击比较敏感，这会导致比较严重的红细胞僵硬现象。

▶ 缺少铁元素以及过度训练也会导致血液黏稠度增加。

可以降低血液黏稠度的补剂

我们首先需要注意补水，以防止脱水和体温升高。其次，抗氧化剂也会扮演着保护的角色。对于运动员而言，补充维生素A、C、E持续2个月可以减少红细胞相关的问题的发生（Senturk，2005）。Omega-3和omega-6会起到更加重要的抵抗作用。研究表明，每天补充1.8克EPA和1.2克DHA持续6周，可以起到很好的效果（Robin，2002）；每日补充2克GLA也有助于运动员调节血液问题。

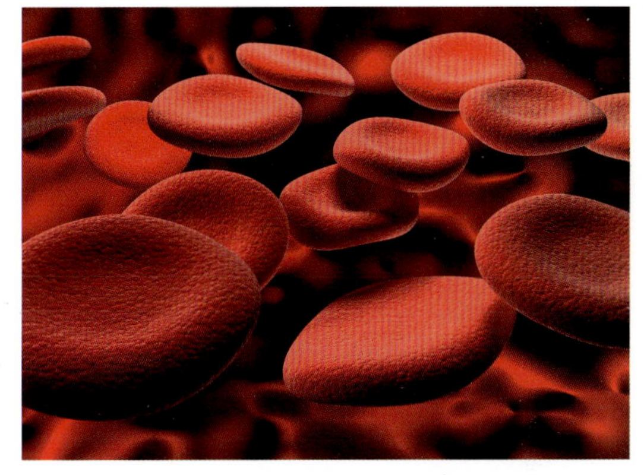

身体活动会调整红细胞的结构

运动员是否存在贫血？

对于高水平运动员而言，血细胞比容（血浆中红细胞量的百分比）相对较低。这种红细胞数量下降的原因是为了优化运动能力，反映的是贫血。

不可否认的是，在运动员中存在着红细胞消失加速的现象：

▶ 很多耐力型运动会出现溶血现象，并非只会出现在长跑类运动。（Robinson，2006）

▶ 训练中出现的红细胞变形能力降低会导致红细胞的生存时间缩短。在最糟糕的情况下，红细胞变形会直接导致其消失。

▶ 因胃肠道出血所导致的血液流失。

▶ 脱水会促进这种现象。

▶ 氧化应激会导致红细胞的消失。

根据我们在第三章中的讲解，真正的贫血问题在男性运动员中很少出现。训练（特别是有氧训练）会增加血浆含量（20%～30%），尽管同时会增加一定的红细胞数量，导致血细胞比容率升高，并不会导致贫血现象。贫血现象的标志是不明原因的运动能力降低和疲劳感的出现，如运动员经常会有一种腿很沉的感觉。此时，选择补剂有两个目标：

▶ 限制红细胞的消失。在这里我们必须要再次提到在训练中身体保持充分水分的重要性。必要脂肪酸可以提高红细胞的变形能力，同时延长它的生存时间。抗氧化剂可以保护红细胞避免受到自由基的攻击。

▶ 促进红细胞的产生。我们需要使用含多种物质的混合补剂而不是只使用单一补剂，如含维生素B1、B2、B6、B12，叶酸以及铁的补剂（见第三章有关补充铁元素的讲解）。

肾与蛋白尿

蛋白尿指的是血蛋白（白蛋白、球蛋白等）不正常出现在尿液中的现象，意味着训练导致肾功能出现暂时的不正常。导致蛋白尿的原因有很多：

- 肾的氧合作用和供血能力在训练中存在一定程度的降低。
- 缺血。
- 因为大量乳酸出现导致血液pH下降，从而影响肾功能。
- 体温过高和脱水也是原因之一。
- 高海拔也会增加肾的问题。

尽可能好的进行补液

精氨酸作为一氧化氮促进剂，与omega-3可以降低蛋白尿的发生概率，但并未被科学研究证实。通过肾脏的蛋白质流失解释了为何训练会增加对氨基酸的需求。我们需要提前补充，以防止这种流失所导致的精氨酸缺乏现象。

在训练结束后，所有暂时的异常都会逐步恢复正常，除非是在极度缺水的情况下，蛋白尿不会导致过长时间的负面影响。但是，它不应该出现在训练中，我们无法防止这种现象，但要尽力将它最小化。

呼吸道问题

训练过程中呼吸气流加速，可以导致呼吸道疲劳甚至损伤，在一定情况下可以导致支气管炎，如支气管收缩（哮喘）。

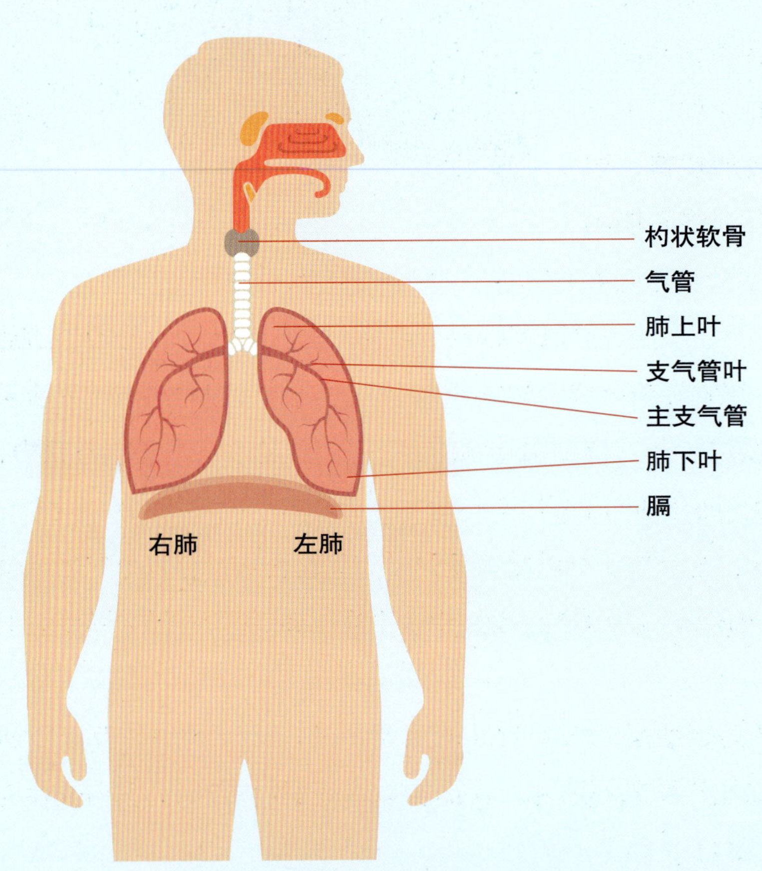

许多运动项目对于呼吸道都存在一定考验。

支气管收缩概率

▶ 低温与干燥天气会刺激支气管

适量的体育活动可以改善哮喘问题，但是支气管收缩的概率却在运动员（特别是游泳运动员以及需要在寒冷天气下练习的运动员）身上体现地更加频繁，要远高于没有训练习惯的人。支气管收缩的现象见于15%～25%的健康运动员以及90%有哮喘问题的人。对于没有训练习惯的人而言，支气管收缩概率仅为5%～10%。当运动员水平越高时，呼吸系统发生问题的概率也就越大。例如，在参加1996年夏季奥运会的美国运动员中，16%的人有哮喘问题；而在1998年冬季奥运会时，这个数字则变为20%。对于一些特殊项目，如滑雪，这个数字可以提高到55%。得到系统性药物治疗后，这个数字会降到12%（Nasman，2018）。女性出现上述问题的概率是男性的2倍（Soligard，2015）。

我们认为哮喘是支气管收缩的主要形式。对于运动员而言，训练开始后5～10分钟会出现肺部不适感，以及咳嗽、呼吸加快等，这些都是由身体运动所导致的。这主要由于：

- 因为大量比身体温度较低的空气进入所导致的呼吸道黏膜刺激。
- 呼吸道变得干燥，因为我们需要呼吸湿润的空气。
- 这种现象会在低温与干燥天气情况下加剧。
- 用嘴而不是鼻子呼吸（不经过鼻窦），会降低空气的过滤以及将空气提前加热的效果，会刺激支气管。

氯元素会促进支气管收缩

这种刺激进而会导致炎症和支气管收缩，呼吸会因此变得更加困难。运动员对空气中细菌防御能力的降低，会增加出现呼吸道感染的概率。

空气的质量同样是很重要的因素之一，游泳水中含有的氯元素可以解释为何游泳运动员比较容易受到这类问题的影响（有44%的游泳冠军存在上述问题）。训练所带来的基础免疫力降低则会推波助澜。

在耐力型运动中，即使轻微的呼吸受阻现象也会导致运动能力的明显下降，这也是为何高水平运动员会根据处方使用支气管扩张药。如果没有处方，那么在兴奋剂检查中便会呈现阳性。

热身的优先性

研究表明，热身可以起到很重要的预防作用，当我们进行很好的热身后，支气管收缩现象的出现会延迟40分钟到3个小时。

补剂的价值

一些抗氧化剂，如omega-3可以起到一定的作用。在训练前1小时补充

2克维生素C，可以使20名受检测者中的9人得到一定程度的保护（Cohen，1997）。这证明了之前的两项研究——口服补充30毫克番茄红素可以帮助55%的受检测者（Neuman，2000），但是在时间更近的研究中并没有被证实（Falk，2005）。

牛初乳可以帮助没有训练习惯的人减少此类问题的发生（Brinkworth，2003）。Baumann在2005年指出，补充30克富含半胱氨酸的乳清蛋白，可以帮助运动员在4～8周内降低发生支气管收缩的概率。这种乳清蛋白粉的作用揭示了蛋白质对于提高机体在氧化应激反应时的保护能力的作用。

注意！

当出现支气管收缩时，一氧化氮的产生也会减少。使用一氧化氮促进剂，如精氨酸也可以带来一定的好处，但是相关作用还需要研究证明。

连续3周每天补充2克EPA＋2.2克DHA有助于有支气管收缩的运动员得到一定程度的缓解，其支气管收缩的严重程度因omega－3而降低了80%。同样使用这类补剂的没有训练习惯的人则降低了64%。omega－3可以将对支气管扩张药物的需求降低31%，研究者将这种作用归结为鱼肉脂肪的抗炎作用（Mickleborough，2006）。

头痛

有些运动员在训练中和训练后会出现头痛，女性会比男性更严重。在某些情况下，训练会直接导致头痛；在另外一些情况下，不稳定的环境也会导致头痛（Nadelson，2006）。这种特性意味着导致头痛的原因有很多。35%的有运动习惯的人会出现此类问题，其中包括从事接触类运动（如拳击）的人，因为这类运动的特性，所以有50%的运动员容易受到头痛的困扰。对于普通

精氨酸是否可以促进运动员的健康？

人而言，发生头痛的概率仅为17%。不合常理的是，体育运动可以帮助那些有头痛的人降低头痛的程度，其中一个原因是因为一氧化氮的合成能力得到提高（Narin，2003）。我们可以通过补充精氨酸来促进一氧化氮的产生。

头痛的主要原因：

▶ 肌肉中酸的出现可以使血液快速酸化，我们在训练结束后平躺，头接触地面时能够感受到这种酸化。大量酸化血液涌入大脑会导致头痛的快速出现。我们不建议采用这种方式进行休息，因为它会导致其他更严重的问题。

▶ 训练前或训练中能量补充不足所导致的低血糖。

▶ 脱水。

▶ 细胞因子和前列腺素（亲炎性）的大量产生可以导致类似感染的表现，导致头痛。

▶ 训练中大脑神经递质分泌不平衡，如羟色胺分泌的加速会导致疲劳以及头痛。

▶ 热身不充分，血液突然流向肌肉会伤害大脑。应采用循序渐进的方式。

对抗头痛

▶ 在训练前补充液态糖可以减少细胞因子的产生，防止脱水和低血糖。

▶ 规律补充鱼油可以抑制细胞因子和前列腺素的分泌。

▶ 在训练前以及训练中补充蛋白质和BCAA，可以防止因羟色胺分泌所导致的头痛和疲劳。

在接触类运动中，导致头痛出现的原因各有不同，很难完全避免。一次击打会导致自由基的形成，因此可以使用抗氧化剂。动物试验表明，使用肌酸是有一定用处的（一种经常被诟病的补剂）。Sullivan在2000年指出，当老鼠的头部受到击打时，由于肌酸的存在，其头痛程度降低了二分之一。补充抗氧化剂和肌酸的价值不止于此。

我们不建议在头痛的情况下继续训练，建议应立即停止训练，特别是当这种头痛现象在训练中过早出现时。在训练结束时，通常会感到比较疲劳。如果训练中我们全力以赴，那么这种现象并非异常，除非在停止训练后这种头痛现象可以快速消失。如果在训练结束后很长的时间还依旧头痛，建议立即就医。

酸痛

当我们在刚开始接触训练或长时间休息后重新开始练习时，第一个遇到的问题便是酸痛。这种肌肉疼痛会真正阻碍我们进行运动。幸运的是，多数情况下它很快会消失。我们需要首先明白到底什么是酸痛，然后才能寻找可以减轻酸痛或避免酸痛出现的补剂。

什么是酸痛?

1. 乳酸堆积

有一件事情与酸痛有关：当你感觉到酸痛时，并不是因为肌肉中充满了乳酸，而是乳酸已经消失了一段时间。在最坏的情况下，高强度训练结束后，大约需要1小时来消除酸痛，但这种情况比较少见。正常情况下，乳酸会在不到20分钟的时间里从肌肉和血液中消失，而酸痛感则会在训练结束后24～48小时出现。为什么乳酸会在休息时重新影响肌肉，并且是在训练结束后1～2天呢？并且，乳酸所带来的疼痛是一种强烈的灼烧感，并不像是酸痛。

2. 微创

很多科学家认为，酸痛的产生很可能是由肌纤维微创引起的，我们感觉到的疼痛是肌肉多个小的“伤口”所带来的。但是为何我们需要在训练结束后很长的时间才能感受到呢？训练中并不会出现大量的肌肉微创现象，这种现象主要出现在训练结束后。肌肉的重复收缩与拉伸会导致细胞内钙的外流，后者对于肌肉收缩具有重要作用。但是一旦这个任务完成，钙便会被重新储存起来。这种储存的封闭性是由高强度肌肉训练所导致的。这种钙外流扩散速度较慢，在肌肉酸痛真正开始之前便会达到顶点，因此在训练和感觉疼痛之间存在着一定的时间延迟。

欺骗性感受

很多人从来没有感受过酸痛，并且女性比男性较少会感到酸痛，但也有一些人的酸痛感十分强烈。需要注意的是，没有感到酸痛并不意味着肌肉没有出现酸痛，因为很多疼痛感受常存在一定的欺骗性。最理想的办法是在晚上入睡或早上起床时进行“测试”。重新训练相同肌肉或对它进行按摩时，有时会感受到酸痛，有时也不会有任何疼痛感。利用痛感的方式来评估酸痛存在很多偶然性，与不同的饮食补充也有一定关系。此外，经常于没有训练习惯的人身上测试相关补剂，这些没有训练习惯的人的肌肉所受到的破坏是十分严重的。即使使用抗炎药物，也很难降低他们酸痛出现的概率。这也是为何很多研究表明补剂是没有任何用处的，然而另外一些研究则相反。

注意！

我们需要注意一些声称可以通过促进肌纤维消除乳酸的方式来对抗酸痛的补剂。

出乎意料的酸痛位置

与我们想象的相反，来自肌肉的酸痛感比较微弱，酸痛感主要集中于筋膜。筋膜比肌肉对酸感更敏感。筋膜比收缩的肌肉的神经敏感性要高6倍。

研究者使用了一种可以导致疼痛的物质进行注射，在高强度肌肉力量训练结束后，当我们将物质注射到筋膜时，疼痛感提升了数倍，与物质进入肌肉后的感觉相似。筋膜的疼痛证明它因训练受到破坏，因此我们需要对其进行修复使酸痛感消失，与肌肉本身的生长和修复并没有关系。

但是，毫无疑问的是，肌纤维在训练后已经受损，需要重建和强化。酸痛感并非是由负责收缩的肌肉所导致的。

蛋白质的保护作用

Flakoll（见第一章）的研究表明，当水手在训练结束后补充蛋白质时，其酸痛问题会减少26%，证明较早补充蛋白质有很大帮助。

Van Someren在2005年指出，每日补充3克HMB＋3克KIC（α－酮基异己酸）并持续2周，与使用安慰剂相比，可以使没有训练习惯的人在训练结束后分解代谢水平降低约50%。Paddon－Jones在2001年认为，单独补充6天HMB不会有任何效果。

对于年轻男性和女性而言，连续4天在训练结束后补充5克BCAA可以减轻肌肉的酸痛和疲劳感（Shimomura，2006）。

Howatson在2012年的研究被证实了上述研究成果。在他的研究中，力量型运动员在早晚各补充10克BCAA，总共持续12天。

Millard－Stafford在2005年进行了一项关于21千米跑的研究，受检测者需要在最后阶段进行全力冲刺。第一次测试结束后，受检测者休息2小时后再进行同样的测试。休息期间，会给他们补充含糖的能量饮料（剂量6%或10%），或者糖（8%）＋乳清蛋白粉（2%）。结果显示，使用这三种补剂后，各组在进行第二次测试时的运动表现力是相似的，补充糖＋蛋白质的一组的酸痛感是只补充糖的一组的二分之一。

其他补剂的评估

当没有训练习惯的人进行肌肉力量训练，每天补充3克肉碱并持续21天时，其酸痛感和肌肉的分解代谢可被明显限制（Giamberardino，1996）。Volek在2002年的研究证实了上述结果，他选择的检测对象是健身爱好者。每天补充2克左旋肉碱、左旋酒石酸并持续3周，结果显示可使训练所导致的肌肉损伤减少一半，同时酸痛感也呈逐渐减轻的趋势。肉碱的这种效果主要是由于其可扩张血管从而改善血液循环。事实上，近期的部分研究表明，训练所导致的肌肉损伤与肌肉血液循环受阻有关。当血液循环恢复正常时，相应的酸痛与损伤也会明显减轻。

Bloomer在2004年指出，抗氧化剂对于女性可以起到一定的保护作用，但是这个结果并没有在男性身上得到证实（Shafat，2004）。男性在使用抗氧化剂时，肌肉参数出现了一些优化，但是没有与酸痛感有关的内容。Thompson在2001年指出，维生素C具有一定的保护作用，不过这个结果并没有在所有的研究中得到证实。Close在2006年的观点则完全相反，他认为每日补充1克维生素C会延缓身体恢复。这些问题我们在第三章有过详细的讲解。

持续10天每天补充750毫克磷脂丝胺酸，不仅可以限制皮质醇的升高，同时也能够限制酸痛感的产生，并且似乎与运动表现力的下降有关（Kingsley，2005）。

补充消化酶可以限制酸痛，但是并非所有研究都支持这个观点（Miller，2004）。

Braun在2005年进行了在没有训练习惯的人中，硫酸软骨素预防酸痛的效果的研究。在肌肉力量训练前14天，受检测者每天补充3.6克的硫酸软骨素。结果显示，在酸痛和肌肉损伤方面并没有任何明显的效果。使用软骨素保护肌肉并没有任何价值。目前认为这是由研究时间不够长所导致的，研究者认为软骨素会起效相当缓慢。

总 结

筋膜富含胶原。如果酸痛与筋膜的损伤有关，那么这意味着增加对胶原的补充是有益的。除肌肉外，胶原同样见于肌腱、韧带以及关节。

预防关节损伤

关节疼痛是所有运动员都容易遇到的问题，这也是为何运动员是最大的抗炎药使用群体。Huang在2006的调查中指出，在参加2000年奥运会的加拿大运动员中，使用的最多的药物便是抗炎药（如阿司匹林），100%的加拿大体操队运动员在这次比赛中都使用过这类药物。这类药物最大的优点在于它可以快速缓解疼痛。对于高水平运动员而言，他们并没有别的选择。部分研究表明，这些抗炎药会延缓韧带、肌腱、关节或肌肉的恢复（Almekinders，1995；Brandt，1987）。这类抗炎药同样会加速关节的损坏。运动员们需要寻找一些自然方法来替换这些药物。最理想的方式还是尽量预防伤病的发生，而不是等到伤病出现时再去治疗。

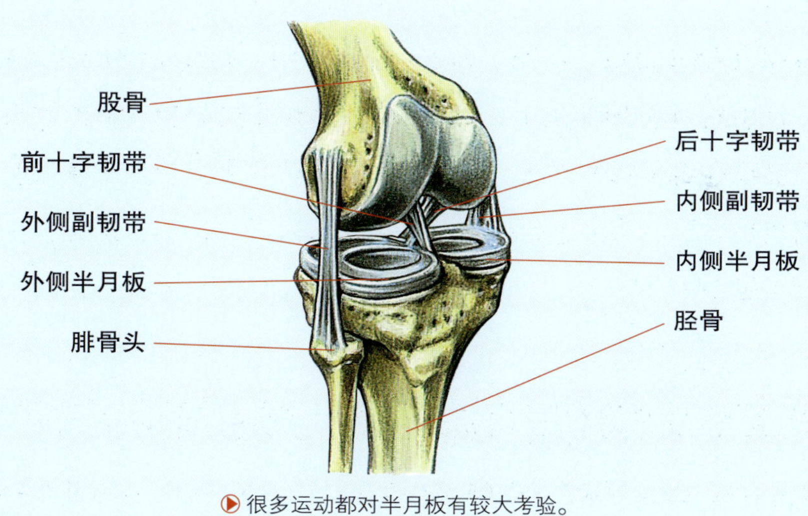

很多运动都对半月板有较大考验。

关节疲劳的例子

许多运动都与奔跑有一定关系。Kessler在2006年指出，不同距离的奔跑对关节的影响程度不同。

5千米跑会减少软骨体积：

- 髌骨6.6%；
- 胫骨3.6%；
- 半月板5%。

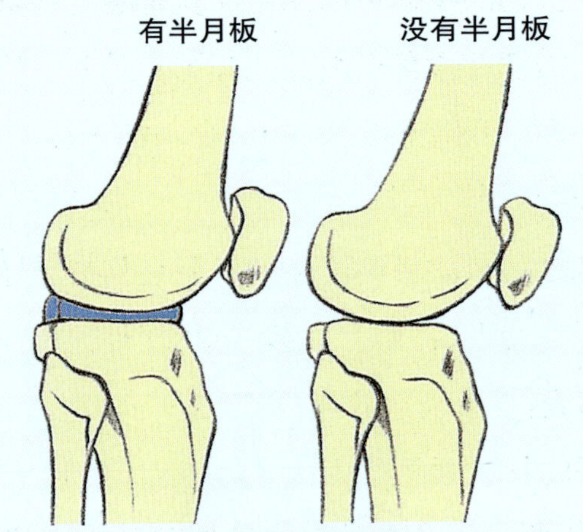

半月板的主要功能之一便是分配膝关节所受到的压力。

这些比例会在距离拉长后得到增高。

20千米跑会减少软骨体积：

- 髌骨8%；
- 胫骨6%；
- 外侧半月板7.7%；
- 内侧半月板10%。

半月板变形并不是一致的，运动员们很容易出现一瘸一拐的现象。这种不对称性容易将一些问题转移到髋关节和背部。如果出现严重的损伤，那么便会导致我们的关节失去稳定性，丧失关节软骨所带来的缓冲作用。如果在关节体积没有恢复的情况下便进行过于频繁的重复训练，那么便会导致疼痛。我们可以使用一些促进关节恢复速度的补剂以解决这类问题。

葡萄糖胺

1. 什么是葡萄糖胺?

硫酸葡萄糖胺是葡萄糖胺聚糖的前体，与胶原一样，都是关节软骨、韧带和肌腱的组成部分。我们的身体可以用糖和氨基酸（谷氨酰胺，见第90页）产生葡萄糖胺。我们内源性产生葡萄糖胺的能力相对我们的需求而言较弱，特别是在重复训练的情况下，因此需要额外补充葡萄糖胺。

2. 葡萄糖胺的作用机制

葡萄糖胺可以刺激关节软骨的产生并且防止其被破坏。它还可以促进透明质酸的产生，后者可以为主要关节提供营养和润滑。在医学方面，葡萄糖胺经常被用于缓解关节病痛。

3. 关于葡萄糖胺的科学评估

Poolsup在2005年指出，葡萄糖胺可以减缓关节病痛的发展，同时减轻疼痛，促进关节的灵活性。葡萄糖胺与安慰剂相比没有什么副作用。

有一个很重要的研究对比了3年内每天补充1 500毫克葡萄糖胺与补充安慰剂的区别，受检测者都是膝关节疼痛患者（Reginster，2001）。结果表明，服用葡萄糖胺的一组的疼痛感和关节灵活性改善了24%，而补充安慰剂的一组则加重了9%。研究还测量了关节间空隙的大小，关节间隙越薄，关节退化越严重，关节骨最终会发生相互摩擦。使用安慰剂的一组，关节间隙在3年内减少了0.31毫米，而使用葡萄糖胺的一组则相对较稳定，只减少了0.06毫米；使用安慰剂的一组，有30%的人出现关节间隙变窄的现象（超过0.5毫米），使用葡萄糖胺一组的情况仅为使用安慰剂一组的一半。

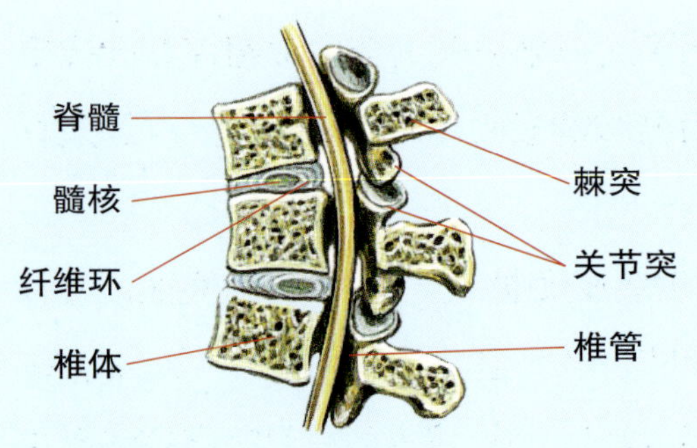

脊柱弯曲时，椎间盘会向前收紧但是后面却留有空隙，髓核会向后移并可能压迫神经（引发坐骨神经痛）。

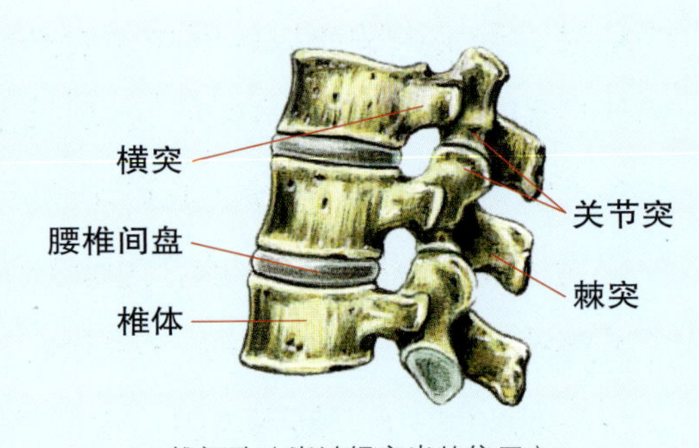

椎间孔（脊神经穿出的位置）

这些差异基本可以表明葡萄糖胺对软骨的作用。这些结果与Pavelk在2002年的另外一项为期三年的研究所得到的结果类似。

葡萄糖胺同样被证实对背痛有一定的作用（Tant，2006）。对于存在背部疼痛的没有训练习惯的人的为期12周的研究指出，17位被检测者中的8人由于补充葡萄糖胺的缘故，生活质量明显得到了提高。

是否可以通过补剂加速关节恢复?

虽然有部分研究证明了葡萄糖胺的作用，但是并非所有研究都获得了类似的结果。葡萄糖胺效果的不同主要是由于通过口服提高关节内葡萄糖胺的水平相比较困难（Biggee，2006）。尽管葡萄糖胺的吸收能力可达90%，但是只有0.4%可以体现在关节内葡萄糖胺水平上。

为了试着解决这个问题，进而产生了膏状葡萄糖胺。在8周的时间里，有膝关节疼痛的受检测者使用了一种含葡萄糖胺、软骨素、樟脑的药膏以及安慰剂（Cohen，2003）。结果表明，随着时间的推移，使用药膏的一组的疼痛明显减轻，疼痛的降低程度是使用安慰剂组的2倍。

4. 葡萄糖胺对于运动员的价值

葡萄糖胺最初首先被用于赛马，随后开始被逐渐应用于人类。使用葡萄糖胺的理由来自于它可能对有关节疼痛的人有积极作用的推论，但是这并不意味着所有运动员的关节受损的机理都是相同的。如果葡萄糖胺可以减缓因衰老所导致的关节退化，那么它难道还不能保护因频繁重复练习而发生损伤的关节软骨吗？很少有科学研究证明葡萄糖胺或其他关节保护剂对于运动员是有效果的。在一项关于军人（膝关节和背部都有伤病）的研究，受检测者持续16周每天补充1.5克葡萄糖胺＋1.2克软骨素可以减轻相关部位的疼痛（Leffler，1998），但这种改善并没有带来身体运动能力的提升。

在28天的时间内，高水平运动员（膝关节有疼痛）每天补充下列物质之一：

- 安慰剂；
- 1.5克葡萄糖胺。

结果表明，使用葡萄糖胺的一组比使用安慰剂的一组在大腿活动幅度方面的恢复要快40%（Ostojic，2007）。

Yoshimura在2009年的有关高强度体育运动对关节软骨的影响的研究中指

出，运动员每次训练2小时每周训练6次，比没有训练习惯的同年龄段的人而言：

- 关节胶原损坏水平达300%；
- 胶原的恢复速度仅增加43%；
- 分解代谢/合成代谢率提高2倍。

理想状态下，分解代谢/合成代谢率应为0，这意味着关节完美恢复；对于没有训练习惯的人而言，这个数字为0.067，这意味着退化趋势极为缓慢；足球运动员则为0.135，这与患有关节疼痛的75岁的人是一样的。

运动员的关节胶原流动明显加快，但因为分解代谢过于严重，所以存在胶原重建上存在胶原缺乏现象。长期发展下去，疼痛便会成为正常现象。

5. 补充1.5克与3克葡萄糖胺有什么区别?

Yoshimura在2009年对足球运动员在3个月中使用葡萄糖胺的效果进行了研究：

- 第一组每天晚上补充1.5克葡萄糖胺；
- 第二组每天早上和晚上各补充一次1.5克葡萄糖胺。

每天按照上述标准进行补充后，3个月后他们的分解代谢/合成代谢率分别降低了约：

- 第一组15%；
- 第二组25%。

这种改善意味着关节分解代谢程度的降低和关节再生的加速。

停止补充葡萄糖胺时，关节软骨的损坏水平重新回到了使用补剂前的状态，重新合成胶原的速度也回到了之前相对比较低的状态。但是，在补充1.5克葡萄糖胺后，相关数值重新得到了提高并且持续了几周。而如果使用3克葡萄糖胺，这个时间会延长到2个月。

在此研究中，我们需要注意葡萄糖胺的作用是相对较慢的。在为期3个月的研究中，补剂的作用并没有随着时间推移出现停滞，这意味着长期使用葡萄糖胺比短期大量使用效果会更好。

这些结果在2018年被Tsuanta证实，他对于足球运动员每天使用2克葡萄糖胺的效果进行了研究。

6. 如何使用葡萄糖胺?

许多运动员只有在疼痛出现时才会关心自己的关节。需要注意的是，葡萄糖胺的作用是在使用后的几周甚至几个月后才开始出现的。葡萄糖胺对于快速减轻关节疼痛是没有太大效果的。部分研究认为，葡萄糖胺对于关节软骨提高主要起到的是预防作用，而非在已经损坏的情况下进行修复。因此，千万不要等到出现问题后再采取相关措施。建议大家将它作为预防类补剂进行补充，在避免一些关节问题的产生同时加速关节的恢复。葡萄糖胺的使用方法可以根据训练容量具体分析，对于关节已经受到重创的情况而言，则需要使用较长的时间。

葡萄糖胺的种类有很多种，其中使用最多的为硫酸葡萄糖胺、盐酸葡萄糖胺以及N-乙酰葡萄糖胺。Hoffer在2001年的研究指出，硫酸葡萄糖胺是最优选择，因为硫酸部分可以解释葡萄糖胺的某些作用。部分研究表明，为了减轻关节疼痛，经常需要每天补充1 500毫克的葡萄糖胺。最理想的方法为每天补充3次，每次500毫克。但是根据我们前面提到的，运动员由于

▶ **注意!**

1 500毫克葡萄糖胺不等于1 500毫克硫酸葡萄糖胺，硫酸部分约占补剂的三分之一，这是我们需要注意的一点，并且可以用于对比不同品牌的价格。你需要控制一次服用的具体量，应当为500毫克葡萄糖胺或750毫克硫酸葡萄糖胺。另外，葡萄糖胺补剂经常是由甲壳类动物的甲壳合成的，因此对海鲜敏感的人需要谨慎使用。

训练强度过高，使用3克比1.5克的效果更好。

软骨素

根据我们前面所提到的，葡萄糖胺可以与软骨素组合使用，后者是葡萄糖胺聚糖的另一种前体（Cohen，2003）。硫酸软骨素是关节软骨的组成部分之一，Mathieu在2002年对其作用进行了研究。在两年的时间内，300名有关节疼痛的受检测者补充软骨素或安慰剂，使用软骨素的一组每天只补充一次，通过口服的方式补充800毫克软骨素。在2年结束时，使用安慰剂的一组关节软骨厚度的破坏平均为5%；而使用软骨素的一组则因为软骨素的关系，这种破坏现象得到了提前预防。与葡萄糖胺一样，软骨素似乎确实存在某些实质性作用。尽管这项研究和其他研究显示了软骨素具有某些功效，但不是有许多人的生活质量并没有得到明显改善。对于运动员而言，与葡萄糖胺相比，软骨素的作用存在较多的争议，目前依旧存在着许多不确定的使用软骨素所带来的作用。

- 与葡萄糖胺相比，关于软骨素的作用尚未得到良好证明。
- 同样采用口服方式，软骨素的吸收比葡萄糖胺差。
- 软骨素比葡萄糖胺贵。
- 葡萄糖胺与软骨素的作用机理相似，但是除了将软骨素添加到葡萄糖胺中造成的剂量增加之外，两者的作用并不一定存在协同效应。

总结

建议优先选择葡萄糖胺。如果经济条件允许或者真的可以感受到软骨素的作用，则可以适当加入软骨素。

MSM

MSM或甲基磺酰甲烷是一种富含硫黄的补剂，存在于鸡蛋、牛奶、咖啡中，但是这些食物中的含量都无法发挥足够有效作用。有关MSM对于运动员作用研究比软骨素更少，有一些关于其副作用的研究。MSM看似在对抗疼痛的见效速度上相比葡萄糖胺更快，但并没有任何研究证明这一点。MSM的作用类似抗炎和抗氧化作用，而非关节再生作用（Nakhostin-Roohi，2011）。Kim在2006年指出，MSM在短期内会发挥一定的作用，但未对它的长期影响或安全性发表任何意见。Debbi在2011年指出，每天补充1.125克MSM3次并持续12周，只能够产生很轻微的关节疼痛缓解作用。将MSM加入葡萄糖胺中似乎可以增强葡萄糖胺的效果，加速后者的抗关节炎作用（Usha，2004）。

由于缺乏有关MSM的认识，应用时要相对谨慎一些，特别是在口服时。尽管有含有MSM的膏状类补剂，但是皮肤的吸收效果还需要科学实验证实。

来源于动物的明胶

在历史上，明胶是第一种关节类补剂，在12世纪的相关文献中便已经出现。明胶是一种生物质量较差的蛋白质，指的是其缺少色氨酸以及蛋氨酸（两种必要氨基酸）。相反，它富含甘氨酸（27%）、脯氨酸（16%）、羟基脯氨酸（14%）、谷氨酸（12%）以及精氨酸（10%）。明胶被纳入关节保护类补剂中，是因为它富含甘氨酸、脯氨酸以及羟基脯氨酸。明胶的优势主要在于价格较便宜。

明胶是一种来自胶状物的蛋白质，如猪骨或猪皮，这也是它的氨基酸组成很独特的原因。这些氨基酸是关节胶原的前体。在动物试验中，在动物补充明胶后可以在它们的关节中大量发现这些氨基酸。因此，我们希望明胶具有修复关节损伤的作用也是十分合理的，只不过事实却存在很多争议。

Moskowitz在2000进行了一项研究，300名患有关节病痛的受检测者每日补充10克明胶或安慰剂并持续24周。结果表明，使用明胶的一组的关节疼痛并没有比使用安慰剂的一组明显减轻。而对于关节疼痛较轻的受检测者而言，安慰剂反而比明胶更有效。但是，明胶对于关节疼痛十分严重的受检测者确实更加有效，这种作用在停用明胶后的8周时仍持续存在，意味着这种蛋白质具有实质作用。

动物是最好的明胶来源

Pearson在2000年的研究中指出，膝关节疼痛的年轻运动员持续8周每天补充10克明胶或安慰剂时，结果发现使用安慰剂的一组并没有任何明显的改善，而使用明胶的一组的膝关节活动度则得到了一定的增大。至于每天补充10克是一次性补充还是分多次补充，则似乎没有什么区别。由于价格比较便宜，建议可以适当选择进行补充。

水解胶原蛋白

水解胶原蛋白是在明胶基础上经过人工化学处理的物质，这可以促进它被吸收。因此，它比明胶对运动员更有效。

我们是否存在胶原摄入不足的现象?

胶原蛋白约占机体蛋白总量的30%，尤其在肌腱、筋膜、韧带以及皮肤中。我们在饮食中摄入蛋白质的情况也会反映这一特性。很多人都不关心胶原蛋白的摄入，即使是运动员。

从理论上讲，机体可以从其他蛋白质中合成胶原，这足以满足我们的日常需求。此时，补充胶原便显得没有任何作用。有研究指出，补充胶原可以改善皮肤，促进指甲的生长。这种变化意味着在没有额外补充的情况下，机体会节省使用胶原，因为它不足以满足整个机体的需求。

这种情况是否会出现在所有人身上呢？或许不是。对于部分人而言，他们对于胶原的需求可以被满足；但是对于大多数人，特别是运动员而言则并非这种情况。事实上，运动会使身体恢复的过程对胶原的需求大幅度增加。如果其

总 结

建议在刚开始进行训练时便补充胶原蛋白，并与传统蛋白质一起补充。

中出现摄入不足现象，那么便会延缓身体恢复并且容易导致肌腱炎、关节疼痛或酸痛感。如果不补充胶原蛋白，那么身体的恢复不仅会变慢，同时还会出现恢复不完全的现象，会导致一些轻微的拉伤或疼痛转为肌腱炎等。

所有需要能量积累和恢复的运动不仅会对肌肉造成一定的损伤，同时还会影响胶原结构（肌腱、肌腱连接以及细胞外将肌纤维连接在一起的框架）。如果胶原纤维被过分牵拉，那么便会使其形成创伤。

胶原纤维的修复需要的时间相比肌纤维更长，因为其血供相对不足，并且饮食所带来的帮助作用很小（只有肉类是直接的胶原来源）。除非发生意外，磨损、损伤多由胶原细胞微创过于零碎以及愈合速度太慢导致。这会导致胶原结构减弱并最终恶化，进而导致严重的关节疼痛。

为了帮助身体再生，建议每天补充5克或10克水解胶原蛋白，以弥补这种弹性组织微创伤所带来的对胶原需求量的增加。持续规律性使用补剂，可使发生关节疼痛的概率明显降低。这并不意味着水解胶原蛋白可以替代蛋白质，因为其氨基酸并不适合构建肌肉。我们需要补充两种蛋白质：传统的蛋白质和胶原蛋白。

脂肪酸

鱼的脂肪富含omega-3（见第三章），这是看似很简单的限制关节轻微炎症的一种方法。将橄榄油（Berbert，2005）或维生素E（Tidow-Kebritchi，2001）加入鱼的脂肪中，可以加强omega-3对关节的积极作用。研究表明，每日适宜的补充量为2～10克。Omega-6（GLA，见第三章）同样可以带来一定的效果（Zurier，1996）。与抗炎类药物如阿司匹林不同，omega-3和omega-6的发挥作用的时间相对较长。像葡萄糖胺一样，其预防效果要好于治疗效果，因此不要期望奇迹的立刻发生。除了适用于关节外，补充必要脂肪酸对于运动员来讲也是十分重要的。

单饱和脂肪酸（棕榈酸）

单饱和脂肪酸很多人并不熟悉，但是，已经发表的研究结果表明，它至少在针对关节炎所产生的疼痛上是有一定作用的。使用含有这类物质的油进行按摩所带来的疼痛缓解效果要好于使用传统的油（Sharan，2011）。对于有膝关节关节炎的受检测者而言，使用含有单饱和脂肪酸的膏剂可以减轻疼痛并且在30分钟后增加关节的活动度（Kraemer，2004）。这种快速见效的特点意味着这种膏会可有效缓解疼痛感。需要注意的是，使用安慰剂的一组也在30分钟后出现了疼痛缓解，但并不明显。这意味着这种按摩方式对于缓解关节疼痛是有一定作用的。在持续使用30天后，使用按摩膏的效果明显比使用安慰剂的好。长期看来，这类脂肪酸可以减轻炎症现象，但是并没有任何人类研究指出它具备关节再生的作用。

脂肪酸在运动员的健康中扮演着重要角色。

单饱和脂肪酸也可口服补充，对于至少被膝关节炎4年困扰的受检测者而言，在早上和晚上分别补充1克并持续68天，与使用安慰剂相比，可以提升膝关节屈曲能力，但是并不能提高腿部伸展的能力（Hesslink，2002）。因此，仅依靠它来减少关节问题似乎并不现实。

热身膏

在冬天出现拉伤的概率比夏天要高得多。为了更好地起到预防作用，运动员需要根据气温和季节的不同做出相应的选择，最理想的方式便是使用热身膏，后者一般以樟脑或薄荷醇为基质。部分研究证实热身膏可以轻微提升肌肉的温度并且加快血液流动速度（Hong，1991）。使用热身膏是一种被动热身，相对应的主动热身指的主要是肌肉活动。虽然主动热身相比被动热身更有效，但是被动热身在整体热身缺少时可以很好地使我们的肌肉和关节做好准备。被动热身可以促进并且强化主动热身，将热身膏涂抹在我们平时很难唤醒的关节上是一个很好的方法，特别是在较冷的冬天。

▶注意！

热身膏同样会起着一定轻微的麻醉作用（Taniguchi，1994），因此我们要注意避免它加重我们已经存在的肌肉或关节的损伤。不要忘记它含有的一些成分，例如樟脑是有毒的，一定要避免儿童接触，并且在每次使用后都一定记得仔细清洗双手。

硅

硅正在迅速流行起来，与美国相比，在欧洲更流行。硅对于结缔组织是十分重要的，发挥稳定关节和骨骼的重要作用。啤酒和香蕉会带来大量的硅（Jugdaohsingh，2002）。对于运动员而言，Nasolodin在1987年指出训练会增加尿液中硅的流失，富含硅的膏状物或饮料可以起到补充硅的作用。我们并没有发现任何公开发表过的关硅对运动员的作用的研究。但是，为赛马连续8周口服补充硅可以提升其血浆中硅的水平和运动表现力，原因是硅可减轻损伤（Wallace，2006）。对于运动员而言，在训练前和训练后补充硅似乎可以加速身体恢复，但并未通过研究得到证明。

其他关节保护类补剂

由于训练、大量蛋白质或低热量饮食所导致的血液酸性过高，同样会促进疼痛的产生。提升血液pH可以减轻疼痛。例如，背痛受检测者连续4周每日补充400毫克柠檬酸钙、220毫克柠檬酸钾、375毫克柠檬酸钠、20毫克柠檬酸镁（Vormann，2001），会出现下列变化：

- 血液pH升高，变为7.45～7.47；
- 92%的受检测者的症状得到了一定程度的改善；
- 疼痛减轻49%。

抗氧化剂同样会起到一定的效果，因为关节内自由基水平升高与关节软骨退化之间存在着重要关联（Heliovaara，1994）。对于运动员而言，便需要使用相应的补剂；同时也不能只依靠它们，还需要更加认真地进行训练。富含硫氨基酸的补剂，如蛋氨酸和半胱氨酸、鲨鱼软骨素或鳄梨和大豆提取物，已经被一些研究证明是有效的。

预防肌肉拉伤

除了关节的损伤外，预防肌肉拉伤对于运动员而言也很重要。良好的恢复和有效的热身，是避免出现肌肉拉伤的重要手段。补剂是否也有作用呢？一项研究让高水平年轻美式足球运动员在天气较热的情况下进行4个月的训练，并观察他们出现拉伤的概率（Greenwood，2003）。部分运动员补充肌酸（每千克体重0.3克持续5天，然后每千克体重0.03克持续115天），另外一组补充安慰剂，结果如下所示：

鲨鱼软骨素经常被用于对抗关节问题。

- 使用安慰剂的一组有66%的人出现肌肉的拉伤，而使用肌酸组只有19%；
- 使用安慰剂的一组有50%的人出现肌肉紧张，而使用肌酸组只有19%；
- 使用安慰剂的一组有69%的人出现拉伤（并非因身体接触导致），而使用肌酸组只有27%；
- 使用安慰剂的一组有69%的人因身体问题至少错过了一次训练，而使用肌酸组只有45%。

肌酸的作用之一便在于可以提高肌肉的柔顺性。上述研究结果证实了肌酸加快肌肉再生的作用。

在Flakoll的研究中指出（见第一章），在训练结束后补充蛋白质/糖相比使用安慰剂可以降低37%的关节或肌肉问题。这种蛋白质/糖的价值展示了它们对于改善恢复质量的作用。

神经恢复：至关重要的一个方面，但是缺少促进剂

神经恢复对于力量型运动员而言是十分重要的。如果你的运动表现力停滞不前，或者两次训练间成绩出现了下降，那么这并非是由于肌肉所导致的，而是跟神经系统有关。

事实上，高强度训练不仅会损伤肌细胞，同时也会对神经系统产生影响。我们需要进行神经恢复并且往往需要较长的时间。不过幸运的是，有很多选择可更好地促进这种恢复作用。

睡眠是最有利于神经恢复的

与训练相对应的便是休息与睡眠。当我们的肌肉和神经系统出现疲劳时，睡眠可以促进整体恢复。但是，运动员的睡眠质量多较差，他们出现睡眠问题的概率比普通人要高很多。运动员的睡眠质量存在明显的差异，即有一小部分人睡眠质量很好，但大部分人存在一定的问题。力量型运动员的睡眠质量多较差，主要与他们的体重较大有关，他们在睡眠中出现呼吸暂停的风险相对较高。

除了对运动表现力的影响外，糟糕的睡眠质量也是容易导致运动员受伤的一个因素（Von Rosen，2017）。

一些可以改善睡眠质量的补剂有助于运动员的恢复，特别对神经恢复十分有帮助。

褪黑素：促进恢复

褪黑素的主要作用便在于改善睡眠质量。但是，这种激素对于运动员身体健康的作用并不止局限于夜晚。

要注意的是，褪黑素的使用时间和剂量都是十分重要的，它需要根据每个人的具体情况进行判断。以避免在服用20分钟后醒来并且无法重新入睡。与其他补剂一样，建议在开始使用时采用小剂量，并且剂量增加要循序渐进。对于运动员而言，褪黑素不仅仅是一种可以帮助睡眠的激素，无论它是否可以帮助你入睡，它还对于神经恢复具有重要作用。

▶注意！

与我们在书中提到的其他分子不同，褪黑素是一种激素。它的使用与兴奋剂有些类似，但是，它并不在反兴奋剂违禁药物名单中。只要每颗褪黑素的含量不超过2毫克，那么便可以进行销售。是否使用褪黑素要根据每个人对它的态度来决定，目前我们尚未发现褪黑素有严重副作用。

神经恢复：褪黑素所扮演的关键作用

褪黑素可以保护神经系统的完整性（抵抗分解代谢），促进修复神经网的特殊干细胞繁殖（合成代谢作用）（Qian，2018）。良好的睡眠与良好的训练一样重要。（Swinbourne，2018）

褪黑素对运动的作用?

运动可使运动员的褪黑素分泌紊乱（BIggins，2017）。例如运动员训练当天的睡眠质量会比不训练时要差（Swinbourne，2018）；此外，过度训练也是导致睡眠质量降低的一个重要因素（Cadegiani，2018）。同样，夜间训练也会因为影响褪黑素分泌从而出现睡眠混乱的现象（Carlson，2018）。

褪黑素的副作用

我们一直在试图明确褪黑素的副作用。有趣的是，缺少褪黑素会出现很多症状，如神经退行性等。事实上，这种激素对大脑恢复具有重要作用。

但是要注意的是，褪黑素对于机体的免疫系统而言是亲炎性的（Hardeland，2018），而正是这种亲炎作用帮助免疫细胞破坏了攻击机体的病原体，因此这是一种有价值的作用，但同时这也会变成加剧自身免疫的一个因素。

褪黑素的天然来源

如果你的睡眠质量较差并且因此出现神经恢复过慢的现象，那么建议可以选择两类食物进行补充：第一便是色氨酸，它是合成褪黑素前体的原料（见第三章）；第二便是蒙莫朗西樱桃，它含有天然的褪黑素。

蒙莫朗西樱桃由于可以改善睡眠进而具有较好的恢复作用。

目前零售的有含蒙莫朗西樱桃（酸樱桃）成分的粉状或液态（较贵）补剂。

适合人群

这类补剂主要适合有经验的，因训练强度大而或多或少出现睡眠质量问题的耐力型运动员或力量型运动员。

潜在的价值

这是一种可以促进恢复、抵抗氧化应激、酸痛感以及改善睡眠质量的补剂

（Kelley，2018；Vitale，2017；Kuehl，2010）。蒙莫朗西樱桃是否可以使人获得更长以及更深度地睡眠，还需要更加详细的研究（Losso，2018；St-Onge，2016）。目前认为它具有的补充天然褪黑素的效果，可以解释它优化睡眠质量的作用，但似乎这并非其全部作用机理（Howatson，2012）。这种樱桃可以炎性免疫细胞一定程度地减少以防止它们使睡眠变得混乱，或者促进色氨酸转化为褪黑素。

它同样可以作为一氧化氮的促进剂，后者对于耐力、充血，以及减轻关节压力都有作用（Keane，2018）。

所有这些作用机理解释了为何运动员越年轻越难从中获益（McCormick，2016）。相反，对于一些年纪较大的运动员而言，他们可能存在睡眠质量较差以及较多的炎症和氧化现象，这类补剂便可以起到一定的作用。

如何补充？

研究表明，每日补充500毫克到1克的粉剂或四分之一升的液态补剂是比较合适的。除了价格相对较高外，似乎并不需要对剂量过多限制。我们可以试着使用2～3倍的剂量来看看效果是否比之前更好。

> **▶ 注意！**
>
> 将麦芽糊精加入粉剂，除了可以使商品价格变得更高以外，并没有任何真正有效的作用。

是否需要停止？

当我们感觉到它的作用后（尤其是对于睡眠），立即停用是十分不明智的。

其他促进神经恢复的补剂

在进行高强度训练时，运动员在训练结束后会处于较紧张状态，很难很快放松，这也会使我们的神经系统变得疲劳。在紧张的状态下，神经系统自然也无法进行恢复。

动物研究表明，氧氟氨酸可以起到帮助放松神经系统，包括大脑的作用（Teste，2005）。氧氟氨酸的这种放松特性，与镁或锌联合可以发挥改善睡眠、促进神经系统恢复的作用。

同样需要注意的是，甘氨酸、胆碱、丝氨酸或马黛茶类补剂对于神经恢复也会有一定的作用。猕猴桃提取物类补剂也有助于改善睡眠和促进神经恢复（St-Onge，2016）。

茶氨酸可以帮助我们放松，同样可以起到促进神经恢复的作用（见第162页）。

保留骨量

就像肌肉在训练时会增强一样，参与体育运动也会使关节骨量得到增加。例如，一名右杀手的网球运动员的右手臂骨密度便会得到一定的增加，跑步类运动员则会体现在腿部……

大量的体育运动都可以起到促进骨骼强化的作用，特别是力量型运动。相反，耐力型运动，特别是一些极限类的耐力运动，则容易使骨骼变得脆弱。Bennell在1996年指出：

- 钙补充不足；
- 特别是流失较严重；
- 能量补充过低；
- 体脂率较低；
- 激素水平波动对骨骼不利。

除了提高能量摄入外，还有三类补剂可以在这里起到一定的作用：钙，维生素D以及蛋白质。

大学篮球运动员在一次两年的检测中（Klesges，1996），每次训练会由于出汗流失442毫克的钙，这意味着他们在一个赛季中骨骼脱矿质会达到6%，腿部的损失则超过10%。当他们每天补充2克钙时，这种脱矿质问题得到了预防并且骨骼得到了强化。钙同时还起到了增加肌肉量的作用，因为它可以抑制PTH的分泌（见第二章）。

高水平的男性铁人三项运动员在80%最大摄氧量下进行1小时的耐力训练前补充液态钙类补剂。结果显示，运动员在训练开始和之后发生骨质紊乱的概率出现了一定程度的降低（Gullemant，2004）。

为了更好地强化骨骼，钙需要维生素D的帮助以达到最佳的效果。不过，很多运动员缺乏维生素D（Constantini，2010）。这种“太阳维生素”（维生素D）不仅可以起到保护骨骼的作用，同样可以减轻肌肉疼痛，增强肌肉力量（Hamilton，2011；Larson-Meyer，2010）。

Ballard在2005年指出，年轻男性与女性健身爱好者，在进行6个月的肌肉训练与有氧训练中，每天补充每千克体重2.2克蛋白质的一组比每天补充每千克体重1.1克蛋白质的一组的骨密度得到了更好的强化。

第六章

减脂类补剂

根据美国的统计表明，30%的男性和45%的女性对体重有担忧和不满。为了解决这个问题，他们可以求助于：

- 发热促进剂；
- 食欲抑制剂；
- 脂肪搬运剂；
- 代谢调节剂。

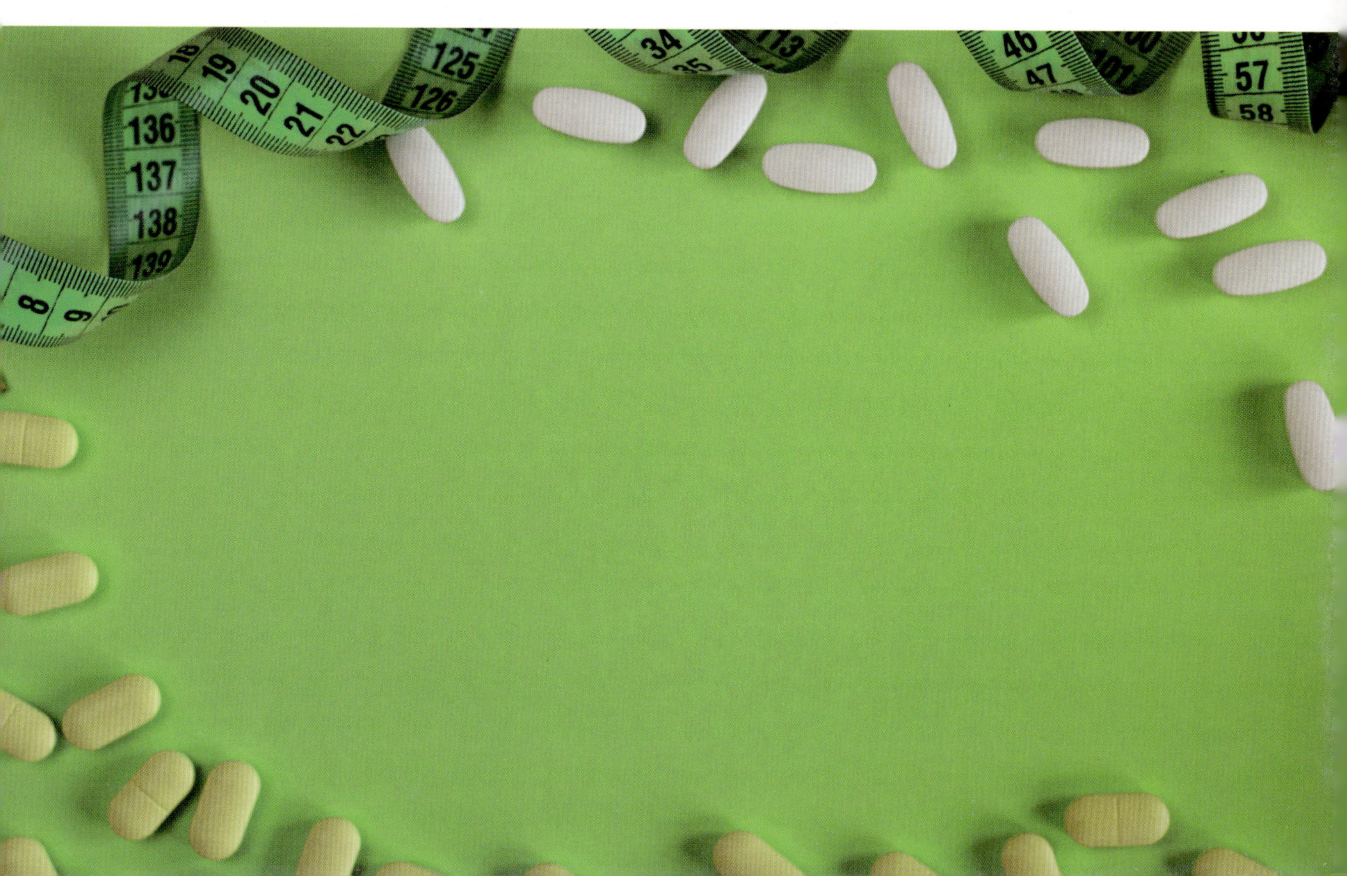

回到现实

我们需要明白的是，如果你在过去的5年、10年或20年中存在着能量摄入超标的现象，那么想在1～2周内做出改变是不可能的。期待“奇迹”产生的人也由此成了很多商家的猎物。

在现实与减脂之间存在一些障碍，使用饮食补剂的目的便是为了克服这些障碍，也就是说补剂都只是起到辅助作用而已。除了正确的营养知识外，最好的减重的武器便是你自己，这也是任何补剂都无法替代的。我们需要从内心深处真正坚定减重的愿望，避免随着时间松懈。

所有的饮食结构都具有效果

我们需要首先明白的一个问题是，所有的饮食结构对于减重都是有作用的。一定不能将减重与减脂两个概念相混淆，并不是所有的减重措施都会带来脂肪的减少。限制热量的饮食方式肯定会降低你的体重，这是由于两个作用：

- 消化系统会逐渐清空；
- 身体中水分的储藏会因为糖原储备降低（肌肉中含有水分的糖原）而减少。

在第一周以后，问题会变得复杂。

两种减重情况

脂肪的减少会在两种情况下发生：

- 首先脂肪必须是可搬运的，这意味着它们已经离开了脂肪细胞。肾上腺素和去甲肾上腺素通过作用于β-肾上腺素受体，从而负责搬运脂肪。
- 血液中存在的脂肪酸会循环直到它们被组织（如肌肉、肝脏）利用；一旦脂肪酸进入这些组织，那么它们便会被转化为能量。

医学研究指出，至少三分之一被搬运的脂肪被有效氧化。二分之一的脂肪酸会回到它来的地方：脂肪组织。因此，限制饮食的因素是脂肪氧化水平，即身体使用脂肪而非糖或蛋白质当作燃料的能力。如果身体不能很好地利用脂肪补偿能量缺失，那么便会容易导致疲劳和摄入的增加。

研究表明，身体氧化能力与食欲之间存在着相反的作用。身体氧化能力越强时，食欲越会降低；相反，燃烧脂肪的困难程度与较多的脂肪储存和食欲增加存在着一定的联系。

减重

对抗六大饮食问题

如果饮食是解决体重过大的方法，那么不健康的饮食方式同时也会带来健康问题，如下面存在的六大类问题，这也是一些补剂可以发挥作用的方面。

代谢降低

缺乏能量的饮食结构会很快转化为我们消耗能量的减少，我们将这种现象称为代谢降低。身体用来减少消耗的办法是限制甲状腺激素的生产，这种现象会导致体温下降。在这种情况下，我们会变得比较怕冷。关于维生素、矿物质以及抗氧化剂的研究指出，法国人体内的甲状腺激素活跃程度并不高。甲状腺激素水平的进一步下降会对饮食产生强烈的反作用。一些补剂可以起到激活代谢的作用，这里指的主要是一些可以起到发热作用的植物类补剂。

脂肪使用减少

通过作用于β－肾上腺素受体，去甲肾上腺素和肾上腺素可以使脂肪从脂肪细胞中移出。去甲肾上腺素似乎比肾上腺素更有效率。需要注意的是，这些分解脂肪的激素的分泌会因错误饮食结构而减少。在仅仅4周的错误饮食结构情况下，这两种激素的分泌便明显降低。产生这种现象的原因主要是疲劳。训练以及错误的饮食结构也会对这两种激素的分泌产生影响。我们同样可以补充起到发热作用的补剂来促进它们的分泌。

食欲增加

由于疲劳和应激反应，我们的食欲会大量增加并且很难进行控制，导致体重增加和由此产生的罪恶感。事实上，我们可以通过一些补剂来减轻这种饥饿感，同时调整饮食结构。

瘦体重降低

Friedlander在2005年指出，正常男性在21天内采用减少40%热量摄入的饮食结构可使体重降低4千克，其中有一半的重量是由肌肉和骨质组成的。同时，他们的代谢能力降低了10%，这种瘦体重降低的现象在女性身上更明显。

肌肉的流失与能量摄入的减少和不能够很好地利用脂肪有直接关联。这种饮食结构容易导致骨质流失的风险主要是因为（Shapses，2006）：

- 促进骨骼发育的激素的分泌减少；
- 破坏骨骼的激素的分泌增多；
- 钙的补充减少；
- 人体对钙的消化能力降低。

酸碱失衡

大量脂肪酸从脂肪组织中排出可以使我们的血液酸化。为了更好地减脂而采用高蛋白饮食结构，同样也会将使血液中酸性物质增多。糖摄入的减少会加剧此现象。血液的酸碱平衡可因饮食结构而发生变化，这会产生一些副作用。事实上，脂肪的排出在酸性环境中会变慢，而肌肉分解则会被加速。补充碳酸氢钠（见第二章）有助于重新平衡血液pH，使肌肉与骨骼的分解代谢减缓的同时加速脂肪分解。

> **注意!**
>
> 补充钙质和蛋白质有助于保持瘦体重。

心血管系统的问题

体重过大经常会导致心血管系统的问题，能量过低的饮食结构有助于纠正这个问题。但是，这种饮食结构也会提高血浆中高半胱氨酸的浓度（一种容易

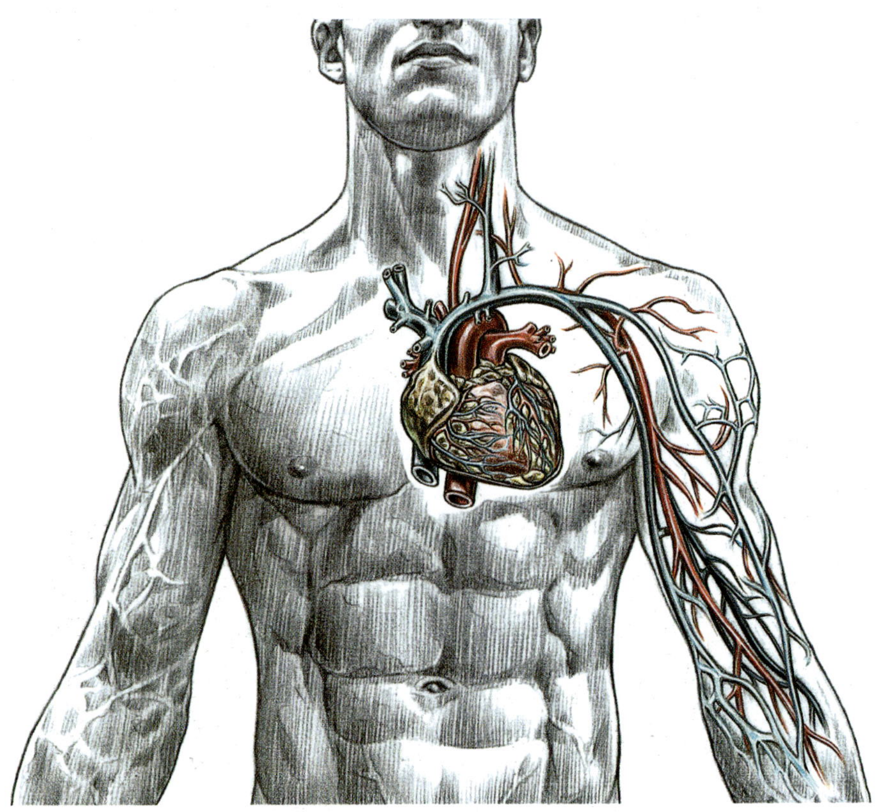

导致心血管疾病风险提高的氨基酸）。补充三种维生素（叶酸、维生素B12、维生素B6）可以预防这种现象并降低光胱氨酸的浓度（Henning，1998）。

发热促进剂

这是我们在使用减脂时经常使用的一类补剂，其刺激作用已经被证实，但同时也存在一定的副作用。这种发热促进剂与规律训练配合可以产生更好的效果。其中一个原因是因为β-肾上腺素受体浓度的增加和α2-肾上腺素受体的减少。

在众多减脂类补剂中，哪些是最有效的？

咖啡因

咖啡因有纯咖啡因或植物两种形式（如瓜拿纳含有3%～8%或更多的咖啡因）。对于人类而言，补充200毫克咖啡因可以在3小时内使基础代谢率提升7%（Koot，1995）。它同时还可以提高身体的温度，意味着能量浪费。最后，它有助于脂肪搬运及氧化。对于女性而言，咖啡因对于年轻人的效果比年纪较大的人更好。运动员从中获得的抗脂肪效果比没有训练习惯的人更多。Lopez-Garcia在2006年指出，一项关于3 000人为期12年的研究发现，补充咖啡因较多的人比补充咖啡因较少的人的体重。这种现象在年轻的男性以及体重超标的女性身上尤其明显，即使他们有吸烟的习惯。

马黛茶

马黛茶或巴拉圭茶富含一种与咖啡因作用极其相似的物质。马黛茶的价值在于它可以减慢心率，而很多减脂类补剂在这方面的作用则恰好相反。补充1.5克马黛茶可以增加脂肪被当作能量的消耗而并非提高基础代谢率（Martinet，1999）。相反，补充2.7克瓜拿纳（含有4%的咖啡因）可以提高基础代谢率，但是会减少脂肪的氧化。因此，在这两种植物之间存在着一定的互补性。对于健康的受检测者而言，补充336毫克的马黛茶、285好客的瓜拿纳可以使胃排空的时间延长53%，这会降低消化速度和食欲（Andersen，2001）。在45天内，受检测者在餐前补充这两种补剂，结果表明他们的体重降低了5千克，而使用安慰剂的被检测者则只降低了300克；一年后检测，脂肪降低的数量并没有增加，但是体重则相对保持了稳定。

减重：茶的新作用

绿茶

绿茶与咖啡因的作用类似，其减脂瘦身作用主要归功于咖啡因。绿茶（每100克含有2.6克）的咖啡因含量比红茶（每100克含有3.5克）要低，但是儿茶酸含量相对较高（12克与2克）。儿茶酸是绿茶促进发热和脂肪消耗的重要物质。Dulloo在1999年的研究中指出，每天补充150毫克咖啡因、375毫克儿茶素，可以使基础代谢率在24小时内提高4%；只补充150毫克咖啡因时，则没有任何与基础代谢率有关的作用产生。需要600毫克到1克的咖啡因才可以再现绿茶的这种作用。但是，在咖啡因和儿茶素之间存在着一定的协同效应，这也是为何我们在一些补剂中经常发现儿茶素与瓜拿纳的组合。

对于轻微肥胖的受检测者而言，持续3个月补充富含儿茶素的绿茶，可以使体重平均降低4.6%（Chantre，2002）。部分研究表明，这种体重的降低会优先体现在腰围上，在这项研究中腰围缩小了4.5%。但是，对于体重超标并且使用错误饮食方式的女性而言，与安慰剂相比，绿茶并没有带来任何减重效果（Diepvens，2005），这与被检测者的食欲增加有关。

酸橙

酸橙含有很多可以起到减脂作用的物质，最主要的便是辛弗林（与肾上腺素相似）。此外，它还含有去甲辛弗林（与去甲肾上腺素相似）。酸橙同时还会对心脏和关节起到一定的作用。心脏有问题的人要避免使用酸橙。目前对于酸橙在抗脂肪方面的效果以及它潜在的危险都缺乏研究，因此在使用时一定要十分谨慎。

注意酸橙！

当我们吃的东西中有一部分会被用于生热而浪费掉，这部分的量越大越有利于保持良好身材。对于女性而言，这部分生热作用比男性要少25%，她们只能消耗9%的能量，而男性则可以消耗11%。补充酸橙（26毫克辛弗林）可以使女性达到与男性相同的水平。但是，对于男性而言，随餐服用酸橙并不能起到同样的作用。餐外服用时，酸橙可以使男性的消耗达到女性的2倍。因此，男性适合在餐外食用这类植物，而女性适合在餐前食用。

Colker在1999年进行了研究，让每天仅补充1 800卡的受检测者持续6周补充

975毫克酸橙、528毫克咖啡因、900毫克圣约翰草，并且每周进行3次45分钟的训练。结果显示，他们的脂肪含量减少了3千克，而使用安慰剂的一组则几乎没有任何变化；安慰剂组的基础代谢率降低了3%。而使用组合型补剂的一组基础代谢率则提高了3%。研究者并没有发现任何相关副作用。

▶注意!

圣约翰草具有抗抑郁作用，它之所以出现在减脂瘦身类补剂中，是因为抑郁很可能会导致暴饮暴食。对于很多没有抑郁的人而言，圣约翰草的存在有极大的争议，它似乎不应该出现在我们对抗脂肪的武器库中。

毛喉素

由毛喉鞘蕊花中提取的毛喉素可以刺激负责提升cAMP水平（环磷酸腺苷）的酶的活跃。cAMP具有促进脂肪离开脂肪组织的作用。有公开发表过的关于毛喉素作用的研究很少。Godard在2005年指出，体重严重超标的受检测者每天2次补充250毫克毛喉鞘蕊花（10%的毛喉素）并持续12周，结果显示他们的脂肪平均减少了4.5千克，而使用安慰剂的一组则只减少了500克。毛喉素极少单独使用，而是经常与其他植物一起使用。

育亨宾对于困难区域的作用

顽固脂肪的储存是由β-肾上腺素受体密度较低以及阻止脂肪搬运的受体浓度较高导致的。能够起到阻止脂肪搬运的受体主要有两类：α2-肾上腺素受体以及腺苷受体。

为了促进脂肪分解，我们需要使用合适的补剂来阻断这些受体。规律性训练以及饮食具有显著的α2-受体保护作用。然而对于部分人而言这不足够，我们需要使用一些针对减脂困难区域的补剂，如育亨宾。育亨宾可以限制α2-受体。咖啡因则可以切断腺苷受体，同时也可以对α2起到一定的作用。

育亨宾是一种育亨宾树皮（一种非洲的树）的提取物，补剂中的育亨宾含量为1%～4%，脂肪搬运，特别是在一些减脂困难区域，如大腿上部、髋关节以及臀部可以得到一定的促进。研究表明，皮下脂肪所含的α2-受体数量是深层

▶ 育亨宾：解决困难区域

脂肪的2倍（Vikman，1996）。育亨宾可以刺激去甲肾上腺素的分泌，后者可以促进脂肪的搬运和氧化。育亨宾的扩张血管作用使脂肪组织充血，进而促进脂肪分解。事实上，当脂肪中血液流动越明显时，脂肪酸排出越快。相反，顽固脂肪中血流较慢，导致更多的脂肪快速堆积（Galitzky，1993）。育亨宾同样还可以起到降低食欲的作用。

育亨宾还可以刺激胰岛素的分泌，特别是当它与食物一起使用时。但是，胰岛素会限制脂肪的搬运和氧化，因此建议在训练前使用育亨宾（McCarty，2002）。育亨宾可以与训练一起提高基础代谢率，这或许同它的发热作用有关。Kucio在1991年指出，当每天只补充1 000卡能量的受检测者，每天4次补充5毫克育亨宾并持续3周，结果显示他们的体重降低了3.5千克，而采用低热量饮食与安慰剂的一组则降低了2.1千克。

谨慎使用

关于育亨宾的使用，同样存在着一些严重的问题：

▶ 很多提取物中的育亨宾含量很低，甚至有的完全不含有任何育亨宾（Betz，1995；Zanolari，2003）。

▶ 它对于心脏和血管存在着一定的副作用，它同时还会引发焦虑和颤抖。为了避免晚上无法入睡，一定不要在晚上使用育亨宾。

▶ 它与降压药和抗抑郁药会产生一些不良的相互作用。

▶ 正因如此，即使育亨宾是植物来源的，在很多国家也都没有被允许销售。

非刺激性促进发热剂

钙

奶制品中含有丰富的钙，很少有人将钙与脂肪含量联系在一起。Zemel于2000年对钙与脂肪堆积的关系进行了研究，发现当脂肪细胞中的钙浓度升高时，会限制脂肪分解并且使它变得更加肥大，因为饮食中缺少钙的摄入会使得脂肪组织中的钙增加。相反，大量补充钙可以降低脂肪细胞中钙的浓度。Zemel认为这是由钙对激素分泌的调节作用导致的。当钙补充量较少时，PTH和骨化三醇这两种激素的水平会提高。这两种激素水平的升高可以解释为何脂肪细胞内的钙会增加。补充钙则会起到相反的作用，PTH和骨化三醇的水平会降低，脂肪组织中的钙的水平也会降低，脂肪的生长受到限制，脂肪的分解得到促进。钙还可以限制对食物中脂肪的吸收。Zemel在1999年的一项研究中指出，每天补充400～1 000毫克的钙可以在一年内减脂约5千克。这个结果被很多关于使用低热量饮食方法的研究所证实，但是它们所使用的钙的摄入量并不相同。

大量补充钙与脂肪大量减少（特别是腰附近的顽固脂肪）以及保持瘦体重之间存在着一定的关系（Zemel，2005）。但是，对于没有训练习惯的人而言，钙的价值在每天补充800毫克时达到顶峰。

Lelovics在2004年指出，体重明显超标的人具有钙补充不足的趋势，这是因为他们对食物的选择主要集中在糖和脂肪含量较高的食物。同样的情况也见于对镁的补充。研究者指出，补充钙的同时需要增加对镁的补充，以防止出现不平衡的现象。

钙的真实作用

但是，有越来越多反对Zemel的观点出现，特别是一些人认为Zemel将肥胖与钙联系在一起主要是得到了一些乳制品厂的支持（Lanou，2005）。

Rajpathak在2006年进行的关于男性体重在12年中变化的研究指出，体重变化与钙质补充之间没有任何关系，并且因为牛奶中含有一定的脂肪，所以导致补充全脂牛奶的人反而出现了体重上升。

Melanson在2005年指出了关于这个争议的另外一个观点，每天补充1.4克钙比每天补充500毫克钙在对脂肪氧化的影响上没有任何区别。但是，由于食物摄入减少和训练的关系，受检测者摄入的能量小于他所消耗的能量。因为钙摄入增多的关系，他们对脂肪的利用能力也得到了提高。但是，在使用整个低热量饮食期间，钙并没有发挥任何与体重降低有关的作用。受检测者在3个月内因钙的摄入获得了相对稳定的体重。

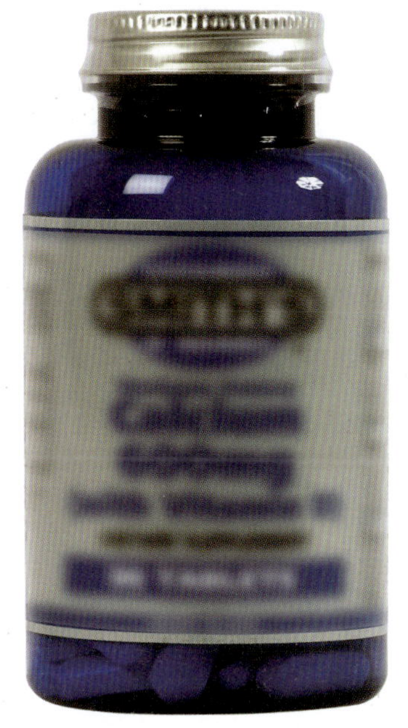

起到瘦身作用的钙：潮流效果？

钙与骨质流失

除了上述争议外，钙在阻止骨质流失中也扮演着重要角色，特别是在采用低能量的饮食结构时，这种骨质流失的现象可以因钙的补充而被减缓或被完全被阻止。较肥胖的女性持续补充3个月每天1克钙，同时采用低热量饮食结构（Jensen，2001），极大程度地阻止了骨质流失。研究者认为，使用低热量饮食时，机体对钙的需求量也在增大。一项针对体重严重超标的更年期女性的研究指出，当采用低热量饮食时，机体对钙的吸收能力相对较差；在每天补充1克钙的情况下，无法满足机体的需求（Cifuentes，2004）。这些女性需要每日补充1.8克钙，才能够满足她们每天的需求。

没药甾酮

没药甾酮是一种印度植物的树脂提取物，Tripathi（1998）认为其可以起到促进甲状腺素分泌的作用，至少在老鼠身上证明是有效的。但是关于这种物质对于人类甲状腺素活动的影响以及在低能量饮食情况下减脂的效果的研究很少。对于一些体重超标（平均体重80千克）的人而言，每天3次补充3～4粒250毫克的没药甾酮胶囊并持续1个月，结果发现在低热量饮食的情况下没有出现任何减脂瘦身的效果（Bhatt，1995）。但是，没药甾酮在90千克体重以上的受检测者被发现有效果，这种补剂的使用带来了超过2千克的体重改变差异。

在另外一项研究中，受检测者持续使用富含没药甾酮（750毫克）和磷酸盐的补剂6周，同时采用低热量饮食并进行一定的运动。结果显示他们的脂肪降低了4千克，而使用安慰剂的一组则降低了1.4千克（Antonio，1999）。使用没药甾酮的一组因为低热量饮食所产生的疲劳比使用安慰剂的一组要轻。但是，有关这种植物可以促进甲状腺素分泌的作用，在这项研究中依旧存在着较大争议。没药甾酮的相关作用机理还需要进一步确定。

无机磷酸盐

这是一种磷酸钾和磷酸钙混合而成的补剂。Nazar在1996年进行了一项研究，较肥胖的女性采用遵循低能量饮食并持续4周，结果表明，磷酸盐的补充有助于她们预防因低能量饮食所导致的代谢降低，这是由甲状腺素的活动减少所导致的。但是，补充磷酸盐并不意味着会增强减重的效果。之后需要进行更多的研究来证明磷酸盐的积极效果。磷酸盐似乎也不会对没有肥胖问题的人的甲状腺素的活动产生影响（Jaedig，1994），因此其使用相对受限。

左旋肉碱在减脂中的作用

左旋肉碱在脂肪氧化中扮演着十分重要的角色，具有搬运脂肪的作用，将脂肪转化为能量（燃烧）。目前的问题是，额外补充左旋肉碱是否可以增强上述作用，进而使减重效果更明显。连续10天每天补充3克左旋肉碱可以轻微增加脂肪的利用（Wutzke，2004），进而转化为体重的降低。还有部分研究结果则存在较大争议，Villani在2000年的研究中指出，当体重严重超标的女性持续8周每天补充两次2克左旋肉碱并进行训练（每周4次，每次30分钟的步行训练）时，左旋肉碱并没有表现任何加速脂肪燃烧的作用。

Schaffauser在2000年通过研究得到了不一样的结果。当一些较肥胖的人连续4周内采用每天只有1 200卡的能量饮食，同时每天补充3克左旋肉碱并进行训练，与使用安慰剂的人相比，体重多降低了30%。

对于高水平篮球运动员而言，在训练前3小时补充2克液态左旋肉碱并持续8周，可以使体脂率降低2.5%（Zajac，2001），而使用安慰剂的一组则没有任何变化。左旋肉碱在一些体脂率较高（17%～20%）的年轻运动员身上效果更佳，但是在体脂率较低（8%～12%）的运动员身上则没有什么效果。脂肪的减少可以表现为运动能力的提升。

左旋肉碱是否真的可以起到瘦身的作用?

低能量的饮食方式，特别是与少许训练组合在一起，会增加尿液中左旋肉碱的流失。当补充的能量过低时，肉类的摄入变少，进而导致左旋肉碱水平降低。在这种情况下，额外补充左旋肉碱显得更加有效。当然，我们不能认为只补充左旋肉碱便可以带来体重降低；与运动相比，它起到的更多的是帮助作用。但是，补充左旋肉碱可以导致甲状腺素水平降低，进而促进减脂瘦身。更多关于左旋肉碱的内容大家可以参见第一章。

必要脂肪酸

补充必要脂肪酸（见第三章）是十分重要的，特别在采用低能量饮食方式时。我们的身体会将omega-3用于转化能量，所以在采用低能量饮食时，机体对omega-3的需求量也在增加（Phinney，1990）。Couet在1997年指出，持续3周每日补充6克鱼油同时采用正常饮食，可以起到促进减脂和脂肪氧化的作用。Jones在1988年指出，增加对多不饱和脂肪酸的摄入可以提高机体对脂肪的利用能力。

没有训练习惯的人持续6周每日补充4克omega-3（1.6克EPA+800毫克

DHA）后，他们的瘦体重出现了一定的增加，同时脂肪出现了一定程度的减少。这种变化似乎跟补充omega-3所带来的皮质醇水平降低有关（Noreen，2010）。

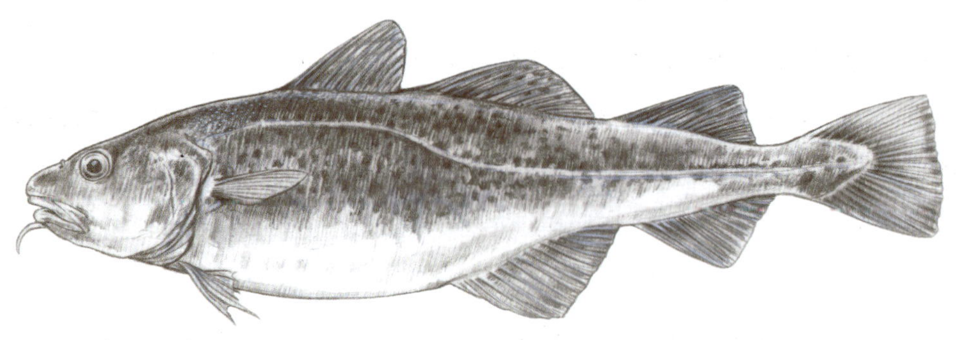

鳕鱼富含omega-3

CLA

已证明CLA（共轭亚油酸，见第三章）对家鼠可以起到排除脂肪的效果，有助于储存的脂肪并且减少脂肪细胞。同时，CLA可以在摄入食物较多时起到防止体重增加的作用。不幸的是，虽然很多研究证明它有一定的效果，但不同的研究得出的结论也不尽相同（Haugen，2004）。Larsen在2006年对在采用低能量饮食结构时，较肥胖的人每天补充3.4克CLA或安慰剂的效果进行了研究，并没有发现在减脂或减重方面有任何区别。有的人认为出现这种现象的原因是补剂中的CLA并不具备良好的异构体（Gaullier，2002）。此外，CLA还似乎具有导致胆固醇或胰岛素水平紊乱的副作用，有待更多研究证实。

抗氧化剂在减脂中扮演的角色

适当训练可以提高抗氧化防御能力，这也可以部分解释将训练加低能量饮食的联合作用。在2年的时间内，有1 000名使用低能量和低脂肪饮食并进行运动的人接受了检测（Dunn，2006）。结果表明：

- 与采用低热量饮食相比，只进行有氧训练的减重效果要更好；
- 男性通过训练达到了一定的减重目标；
- 这种趋势在女性中则相对较小；
- 低能量饮食与训练组合使用时效果更好；
- 对于女性而言，在低能量饮食和训练存在着一定的协同作用，即她们的体重减轻大于饮食与运动效果的简单叠加。

近期的研究指出，对于运动员而言，自由基生产较少在改善训练时产热反应方面扮演着十分重要的角色。相反，在体重超标的人中，产热反应则受到了一定的限制，因为他们产生的自由基比普通人多（Bell，2006）。此发现并没有由任何检测证实，即低能量饮食的作用可以因抗氧化剂的加入而得到强化。

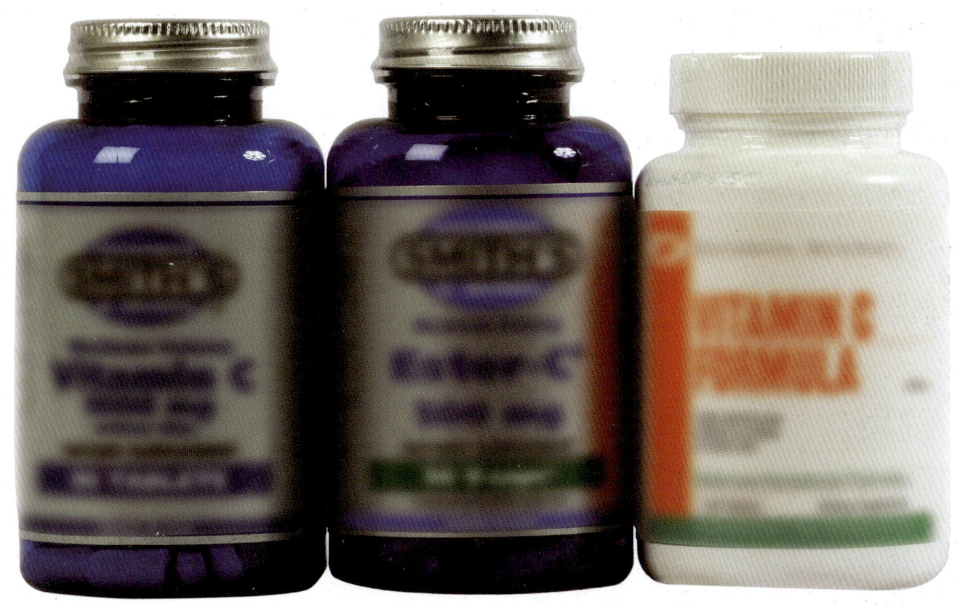

抗氧化剂在减重中扮演着重要角色

维生素C

维生素C是抗氧化剂中可以具有抗脂肪特点的一种，对于缺少维生素C的人而言，在训练中脂肪氧化会降低30%（Johnston，2005），与普通人相比更容易出现疲劳。补充维生素C可以使肌肉的工作效率提高14%。对于较肥胖的人而言，持续6周每天补充3克维生素C可以使体重降低2.5千克，而补充安慰剂的一组只有6克（Naylor，1985）。除了抗氧化作用以外，维生素C似乎还可以调节肌肉中左旋肉碱水平。维生素C水平降低时，由血液进入肌肉的左旋肉碱也会减少（它在那里起到减脂作用）。

柚皮苷

这是一种我们在很多蔬菜中都能够找到的抗氧化剂，特别是在柚子中。柚皮苷被用于增加机体对某些药物的吸收。我们经常会将它与咖啡因一起使用，以提高它的活性。Ballard在2006年指出，咖啡因与柚皮苷之间存在着相互作用。

健康的受检测者补充200毫克咖啡因与200毫克柚皮苷，结果显示只使用咖啡因者在之后的4小时中的热量消耗增加了10%，而使用柚皮苷与咖啡因补充所带来的提高效果则相对较少，提示这种相互作用更多的是消极的而非积极的。Jung在2003年指出，对于胆固醇水平较高的人而言，每日补充400毫克柚皮苷可以使其胆固醇水平降低14%，并起到轻微的抗氧化作用。但对于正常人而言，并没有发现到任何抗氧化作用。

食欲抑制剂

阿斯巴甜

这种甜味剂以氨基酸（L-天冬氨酸和L-苯丙氨酸）为基础，在身体内转化为天冬氨酸、苯丙氨酸以及甲醇。在20年以上的时间里曾有一种错误的观点，认为阿斯巴甜可以导致癌症或多种肿瘤，特别是脑肿瘤。Butchko在2002年认为它的危害作用被严重夸大，实际上它对于身体健康没有什么影响。苯丙氨酸是一种神经递质——去甲肾上腺素前体，大量补充苯丙氨酸可以促进这种神经递质的生产。天冬氨酸可以直接发挥神经递质的作用，但似乎不能够进入到达脑中。它对于大脑的影响很弱，过量除非补充天冬氨酸（Fernstrom，1994）。阿斯巴甜在我们的食物，特别是饮料中普遍存在。此外，你的牙齿、你的胰腺以及你的体重秤都不认为这种糖是有害的。一个与阿斯巴甜有关的很严重的错误观点是它不含有能量。正如我们前面提到的，阿斯巴甜具有同糖一样的能量。产生误认的原因是阿斯巴甜的甜度几乎是糖的200倍，因此日常使用量极少，只带来很少的能量。

阿斯巴甜与食欲

使用阿斯巴甜可以减少食欲（Rolls，1991）。这并不出人意料，因为苯丙氨酸可以促进胆囊收缩素分泌，后者是一种食欲抑制剂。研究表明，阿斯巴甜相比苯丙氨酸对于促进缩胆囊收缩素更有效（Rogers，1991）。用苯丙氨酸产生食欲抑制的方法已经过时，现在我们多用阿斯巴甜替代，相对更便宜。大部

> **▶ 注意！**
>
> 所有的甜味剂都不会只含有阿斯巴甜，有一些会混合阿斯巴甜 + 安赛蜜-K以便可以用于烹调。如果使用阿斯巴甜来降低食欲，那么这些混合物对我们来说就没有太大意义，这与增甜剂是一样的。

分人在使用中都能够感到对食欲的抑制，但并非对所有人都有效。阿斯巴甜起作用很快，有助于分辨阿斯巴甜对自己是否有用。

阿斯巴甜不仅可以在使用低能量饮食时加快体重降低，同时还有助于稳定体重。较肥胖的女性持续19周使用低能量饮食，使用阿斯巴甜有助于减少体重的反弹（Blackburn，1997）。研究表明，一年后，使用阿斯巴甜的一组体重增加了2.6千克，而不使用阿斯巴甜的人体重的反弹则为2倍；2年后，使用阿斯巴甜的一组体重增加了4.6千克，而不使用阿斯巴甜的人的体重反弹同样是2倍。

> **注意谷氨酸！**
>
> 并不是所有的氨基酸都可以降低食欲。味精是一种很多菜肴中都会使用的氨基酸，动物实验表明其中的谷氨酸可以极大程度地刺激食欲（Hermanussen，2006）。因此，我们在日常饮食中一定要注意避免摄入这类物质，特别是在采用低能量饮食时。

HCA

羟基柠檬酸（HCA）是印度菜中经常使用的一种植物（藤黄果）树皮提取物。从理论上讲，HCA可以阻止糖转化为脂肪并储存在身体中，还可以提高脑部羟色胺水平，后者是一种可以降低食欲的神经递质。也正是因为这个原因，HCA具备一定的食欲抑制剂作用。事实上，老鼠实验表明，如果饮食相似，那么使用HCA和使用安慰剂在降低体重方面没有明显差别。动物研究显示HCA对人体有积极作用，但人类研究结果尚存争议。例如，对于超重的人，在持续12周每天补充1克HCA后，他们的体脂率比使用安慰剂的人降低（Hayamizu，2003）。但也有很多研究表明HCA并没有任何积极作用（Heymsfield，1998）。Lim（2003a，

2003b，2002）指出，没有训练习惯的人持续5天补充HCA，可促进脂肪的氧化，提高耐力水平。但是这种作用并没有被Kriketos的研究（1999）证实。

藤黄果含有约50%的HCA，建议每天补充3次、每次补充1克，以便达到每天1.5克HCA的摄入量。随餐服用会使对HCA的吸收减少60%，因此建议在餐前30分钟补充。

蝴蝶仙人掌

这是一种存在于卡拉哈里沙漠的植物，也是一种相对较新出现的补剂。关于它的效果的医学研究数量极少，唯一一项公开发表过的研究是有关蝴蝶仙人掌提取物的老鼠实验（Maclean，2004）。动物实验显示，限制能量会导致大脑中ATP含量下降30%～50%，而蝴蝶仙人掌可以阻止这种现象。蝴蝶仙人掌可以欺骗我们的大脑，告诉大脑已经吃下了很多的食物，使食欲降低40%～60%。同时也会提前预防饥饿的出现。在一项未公开发表的研究中，当受检测者持续15天每天补充蝴蝶仙人掌可以每天减少1 000卡的能量摄入，并有一定程度的脂肪减少。有关蝴蝶仙人掌的效果以及无害性研究还依旧有待证实。

蝴蝶仙人掌：最新的食欲抑制剂

醋

Ostman在1995年指出，在50克白面包中加入醋后摄入，可以减轻血糖和胰岛素的升高，同时还会带来一种满足感。

尼古丁

没有必要过多介绍尼古丁，它并不存在于任何食物补充中，但吸烟可以带来尼古丁，可以调节食欲。此外，停止吸烟一般会使体重增加。Williamson在1991年的研究中指出，停止一年吸烟可以使男性体重平均增长3千克，女性体重平均增长4千克，10%的男性和13%的女性增长超过13千克。每日吸烟的数量越多，停止吸烟后体重增加越明显。戒烟会导致食欲的增加，这种作用机理依旧有待研究。尼古丁可以调节莱普亭的分泌或大脑对这种抑制食欲类激素的敏感度。香烟经常与咖啡一起使用，补充咖啡因可以强化尼古丁的产热作用和抑制食欲的效果（Jensen，2005–2003）。Lopez–Garcia在2006年指出，香烟可以加强咖啡因的抗脂肪效果，特别是对于体重严重超标的女性。尼古丁可以增加肾上腺素和去甲肾上腺素的分泌，咖啡因也可以起到相似的效果。对于男性而言，训练前使用尼古丁和咖啡因促进上述激素分泌的作用更佳。可以增加他们在75%最大摄氧量下进行骑行训练时，男性使用尼古丁可使其运动表现力提升17%（Mundel，2006）。这种作用与兴奋剂十分类似，但是尼古丁很少被当成兴奋剂看待。

纤维素

膳食纤维在健康中扮演着十分重要的角色，特别是对消化系统。我们每日应补充至少25克的膳食纤维。在关于补充维生素、矿物质以及抗氧化剂的研究中，男性一般每天需要补充21克纤维，而女性则每天需要补充17克纤维。只要21%的男性和7%的女性可以达到补充25克的要求。纤维在低能量饮食中的作用更大，在缺少食物补充时，如果再缺乏对纤维

> **▶ 注意！**
>
> 当我们开始使用纤维后，它便会引起便秘，腹泻或放屁的问题。因此，我们建议从较少的摄入量开始，然后逐渐增加使用的剂量。

的补充，那么便十分危险。因此，我们建议直接补充纤维素。在所有的纤维中，我们可以从三种功能不同的纤维中选取一种。将多种不同类型的纤维添加在一起使用并不会带来累加的效果。纤维素对于肠道功能同样具有十分重要的作用。

果糖低聚糖

这是一种可以起到益生元作用（见第三章）的纤维，对于男性和女性而言，在早上和晚上补充8克的果糖低聚糖，与使用安慰剂相比，可以减少5%的能量增加。果糖低聚糖可促进能够起到食欲抑制的激素的分泌。

葡甘聚糖

葡甘聚糖是一种亚洲菜系烹调用的粉，是可溶性纤维，我们可以在厨房中找到。它在水中会扩大17倍。在肠内运输中扮演着重要作用。因为它遇水膨胀的作用，我们可以在使用葡甘聚糖时降低食欲。但是，很少有研究证实它对于降低体重的真实作用。只有在与低能量饮食结合使用时有相关研究，证实补充1～4克葡甘聚糖可以加速脂肪的减少和体重的降低（Keithley，2005；Birketvedt，2005；Walsh，1984）。

胍胶

胍胶一种很多食物中都存在的植物纤维，作用是葡甘聚糖的3倍并且相对较便宜。在半固体的代餐食物中加入胍胶可以降低食欲，但不会在2周内产生降低体重作用（Kovacs，2001）。胍胶适于与低能量饮食联合应用。大部分研究并没有指出胍胶在减重方面的作用（Pittler，2001），我们认为这是使用方式不对所导致的。与其让这种纤维被摄入后充满胃，我们更希望它可以在被摄入前提前占据一定的体积。建议将胍胶与蛋白质组合进行使用，或者替代一顿含有较多糖的正餐。用一个较大的容器，倒入300～500毫升水，将补剂倒于水中，然后加入勺糖或一勺胍胶以及阿斯巴甜（后者可以使味道变得更甜），然后再将整个容器内的液体搅拌均匀，在冰箱中放置15分钟，以便使胍胶膨胀充满整个容器。采用这种低温补充方式的原因是，当液体进入胃后，身体需要立刻消耗额外的热量以让胃热起来。大家可以尝试通过调整阿斯巴甜的量来感受它对于食欲抑制的作用，味道越甜，食欲受抑制越明显。胍胶与阿斯巴甜的协同作用可以影响缩胆囊素的水平。部分研究中指出，与阿斯巴甜一样，胍胶同样可以起到促进食欲抑制激素分泌的作用（Heini，1998），从而形成协同效应。当你感到很难控制食欲时，便可以使用这种混合剂。这种方法的最大优点在于可以在减少能量摄入的情况下快速填满你的胃，并且效果持续时间较长。但是，要注意适当调整这种补剂的口味，避免因频繁使用而过早对这种口味产生厌倦。

能量吸收减速剂

一些可能快速吸收的脂肪和糖并不仅会带来较多的能量摄入，同时还会影响代谢方式，促进更多脂肪的堆积。我们需要寻找可以阻止吸收这类营养的方法。最理想的自然是我们可以按照自己的意愿补充那些“被禁止”的食物，同时还不会形成对身材和身体健康的不利影响。不幸的是，在现实中，一些看似可以减少能量吸收的食物实际并没有太大作用，单独存在时无法确保可以带来明显的体重降低。我们一定需要注意避免摄入过量的脂肪和糖。但是，一些“阻断剂”可以提高低能量饮食方式的效率。

脂肪吸收阻断剂

几丁聚糖

这是一种甲壳类动物的提取物，可以起到与纤维素类似的作用，我们的消化系统无法吸收它。从理论上讲，几丁聚糖聚集食物中的脂肪并限制它们的吸收。部分研究指出，补充几丁聚糖可以起到一定的减重效果（Zahorska-Markiewicz，1995），但是并非所有的研究结果均支持此结论（Mhurchu，2005）。Gades在1995年指出，几丁聚糖捕捉脂肪的能力是基本可以忽略的，使用它超过

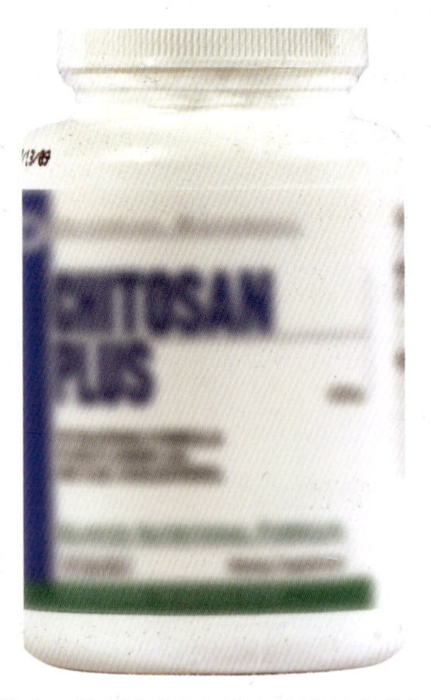

几丁聚糖真的可以起到瘦身作用吗?

1年的时间才会减掉1千克的体重。

钙

钙对于脂肪吸收的限制作用令人关注。Jacobsen在2005年指出，对于补充适量蛋白质的人而言，每日补充500毫克钙可以使粪便排出脂肪提高2倍。但是，这种作用的价值相对较低，因为一般我们日常排出的量只有14克，大约125卡。

绿茶

Juhel在2000年指出，绿茶可以起到限制脂肪吸收的作用，降低负责消化脂肪的脂肪酶的活跃程度。

阻碍糖吸收的制剂

仙人掌

它是这类补剂的最主要代表之一，是一种墨西哥仙人掌茎的提取物。仙人掌被推荐用于糖尿病患者，因为它可以具备降低或减缓糖消化的作用（Frati-Munari，1989）。因为这种作用，仙人掌不会导致低血糖。对于糖尿病人而言，补充仙人掌有助于减轻体重。但是，这种减轻体重的作用是否同样会出现在没有糖尿病的人的身上，还有待深究。一般来讲，结果往往比较令人失望，特别是当单独使用仙人掌时。

仙人掌：抗糖作用

菜豆

一种菜豆提取物，作用是限制α-淀粉酶（一种在胰腺和唾液中产生的酶），后者可以分割多糖使其变为单糖，从而促进肠道吸收。当α-淀粉酶被限制时，机体对多糖的吸收被阻碍，这可使能量摄入降低。补充菜豆提取物

（3克在午餐服用，3克在晚餐服用）8周后可以使体重降低1.7千克，使用安慰剂的一组则只有750克（Udani，2004）。受检测者（主要是女性），会同时使用富含纤维以及脂肪较少的饮食结构，同时补充100～200克的多糖。但是，Bolinn在1982年并没有发现在单独补充α-淀粉酶时可以起到任何限制多糖吸收的作用。相关结果在1983年由Carlson验证。Layer在1986年的研究指出，这些补剂对于阻止糖的吸收作用较慢。

菜豆可以降重吗?

武靴藤提取物

武靴藤提取物是一种来印度的植物，经常用于控制食欲（Ye，2001）。这种作用已经在动物试验中得到证实，但是还没有在人类中完成实验。在补充武靴藤提取物后，血糖水平出现了明显的降低，这可能与消化糖的能力降低有部分关联。低能量饮食与武靴藤提取物联合使用的效果依旧有待研究，后者单独使用时可能没有什么价值。减脂瘦身类补剂每天使用的剂量应当为400～600毫克，占要补充的物质的24%。

膏状物

很多时候，我们会希望减少身体特定部位的脂肪，因此很多人都在试图寻找一种可以局部减脂的补剂。建立在氨茶碱、育亨宾或咖啡因基础上的药膏可以起到一定的效果（Greenway，1995）。Tholon在2002年指出，连续28天使用一种含有咖啡因的药膏，可以使大腿的围度减少至少1厘米。但是，根据Collis在1999年的研究，35名女性受检测者连续使用氨茶碱12周，只有3位的大腿围度出现缩小。

这种药膏的使用存在很多限制：

- 当停止使用后，围度反弹很明显；
- 这种围度反弹意味着之前减少的基本都是水而非脂肪；
- 除了对脂肪细胞产生作用外，经常涂抹这种药膏还会使皮肤变紧，从而遮盖皮脂的问题；
- 停止使用后皮脂问题便会再次出现；
- 关于这种药膏作用的研究结果并不一致；
- 这种药膏价格相对较高；
- 在一小部分使用者身上出现了过敏反应或皮肤问题。

代餐粉

很多补剂是在我们的正常饮食之外单独补充的，而代餐粉主要是为了替代传统食物。这意味着它与其他补剂是不一样的。代餐粉中不含任何可以起到减轻体重的物质，代餐粉没有任何“魔法”。它的作用机理主要是与低能量饮食，可以帮助我们更好地控制能量摄入。使用代餐粉而不是传统食物时，可以对能量摄入起到限制作用。而因为数量较多，使用传统食物时很难实现这种能量限制。

Hannum在2006年认为使用代餐粉可以更好地控制食物补充。在他的研究中，在8周的时间内，体重严重超标的男性每天补充2次代餐粉以及预先确定好的低能量饮食，另外一组补充安慰剂并保证有同样的能量摄入，只是没有使用代餐粉。结果显示，使用代餐粉的一组的体重相比使用安慰剂的一组降低了2.3千克（大部分都是脂肪）。造成这种区别的原因主要在于受检测者使用代餐粉可更好地遵循饮食要求。从短期和长期效果来看，是否使用代餐粉的效果是不同的。

例如，对于较肥胖的受检测者（特别是女性）而言，在3个月内使用低能量饮食（1200～155卡）测试（Ditschuneit，1999），每天的能量补充分为三餐+两次代餐（10点和16点）摄入。受检测者中有50人采用传统的饮食方式，另外50人会将三餐中的两餐替换为代餐粉：

- 使用代餐粉的一组降低7千克；
- 使用传统饮食的一组降低1.3千克；
- 使用代餐粉的一组热量摄入相对较低；
- 因为代餐粉的关系，整体饮食中脂肪含量较少。

在随后2年的研究中，受检测者停止了上述的饮食方式，但是依旧会使用代餐粉：

- 使用代餐粉的一组继续降低了3千克；
- 另外一组则为4千克；
- 使用传统饮食方式的50名被检测者中有7名体重降低超过10%；
- 而使用代餐粉的一组则为21人。

在使用上述饮食方式4年后：

- 一直使用代餐粉的一组总共降低8.4千克体重；
- 使用传统饮食的一组则降低3.2千克（Flechtner-Mors，2000）。

作者简介

弗雷德里克·德拉威尔 有着丰富人体解剖学知识的艺术家。在巴黎著名的法国国立美术学院学习了五年形态学和解剖学，并在巴黎医学院学习了三年解剖学。

法国《力量》杂志的前主编德拉威尔，曾为法国《Le Monde du Muscle》，德国《Men's health》和《Ironman》等杂志写过关于健身的文章。他是最畅销书《力量训练解剖学》《女性健美与力量训练》，《德拉威尔核心训练解剖学》和《德拉威尔拉伸训练图解》的作者。

德拉威尔曾于 1988 年获得法国力量举重冠军，向全世界展示了生物力学在运动中的应用。德拉威尔在力量训练方面的杰出成就，使他成为 de Pedagogie 大奖赛的技术指导。

米歇尔·甘地 已经写过 13 本关于力量训练、体育营养和健康的书，包括《力量训练解剖练习》和《力量训练解剖练习 2》。他的书被翻译成多种文字，曾在全球健美运动和健康的杂志上发表过 500 余篇文章。1988 年在加利福尼亚获得健美健康和运动方面第四学院年度文章奖项。

甘地在 1983 年开始练习举重，这使他逐渐拥有了健美的肌肉。为进一步完善训练计划，他通过医学期刊学习关于身体、解剖和生物力量的知识，1995 年开始在全球健美运动和健康杂志上发表文章，讲述他的训练经验和发现。